国家示范性高等职业教育汽车类"十三五"规划教材
高等职业教育汽车类专业"双证课程"培养方案教材

汽车底盘构造与拆装

主　编	肖卫兵	阳娣莎	彭　勇
副主编	王　兵	廖梅花	颜曼芳
	蒋　燕	李书舟	朱建军
	彭　新	刘　珊	欧明文
	蒋　屹	魏　华	钟新利
参　编	叶　青	侯　迪	谭德权
	何丽嘉	戴　璐	杨秋玉
	李斌辉	王冰生	李　佳

华中科技大学出版社
http://www.hustp.com
中国·武汉

内 容 简 介

本书是湖南省示范学校建设的特色教材,结合高职汽修专业标准,融入技能抽考和技能鉴定等职业标准。全书分为四个项目,主要介绍传动系统、行驶系统、转向系统和制动系统四个系统的构造、拆装与检测等内容。每个项目分为若干个学习任务,先进行相关原理的介绍,再进行拆装与检测的讲解,最后进行实训任务的操作。本书中的拆装与检测内容都是以现在各类学校中配备的大众、丰田车系及东风、解放货车为例进行讲解的。

本书可作为高职高专院校汽车检测与维修技术、汽车运用技术、汽车运用与维修、汽车电子技术、汽车制造与装配、汽车营销与技术服务等专业及其他相关专业的教材,也可供汽车后市场培养售后技术服务(机电维修)高技能人才及其他工程技术人员参考。

图书在版编目(CIP)数据

汽车底盘构造与拆装/肖卫兵,阳娣莎,彭勇主编. —武汉:华中科技大学出版社,2017.10(2023.7 重印)
ISBN 978-7-5680-2078-7

Ⅰ.①汽… Ⅱ.①肖… ②阳… ③彭… Ⅲ.①汽车-底盘-结构 ②汽车-底盘-装配(机械) Ⅳ.①U463.1 ②U472.41

中国版本图书馆 CIP 数据核字(2016)第 183283 号

汽车底盘构造与拆装　　　　　　　　　　　　　肖卫兵　阳娣莎　彭　勇　主编
Qiche Dipan Gouzao yu Chaizhuang

策划编辑:倪　非	
责任编辑:狄宝珠	
封面设计:孢　子	
责任校对:祝　菲	
责任监印:朱　玢	
出版发行:华中科技大学出版社(中国·武汉)	电话:(027)81321913
武汉市东湖新技术开发区华工科技园	邮编:430223
录　　排:武汉正风天下文化发展有限公司	
印　　刷:武汉邮科印务有限公司	
开　　本:787mm×1092mm　1/16	
印　　张:9.5	
字　　数:230 千字	
版　　次:2023 年 7 月第 1 版第 3 次印刷	
定　　价:30.00 元	

本书若有印装质量问题,请向出版社营销中心调换
全国免费服务热线:400-6679-118　竭诚为您服务
版权所有　侵权必究

国家示范性高等职业教育汽车类"十三五"规划教材
高等职业教育汽车类专业"双证课程"培养方案教材

编审委员会

顾　问（排名不分先后）

蒋炎坤　华中科技大学能源与动力工程学院教授，博士生导师
　　　　湖北省汽车工程学会副理事长
李春明　长春汽车工业高等专科学校校长
　　　　机械职业教育教学指导委员会汽车专指委主任委员
尹万建　湖南汽车工程职业学院副院长
　　　　机械职业教育教学指导委员会汽车专指委副主任委员
　　　　交通运输职业教育教学指导委员会汽车技术专指委委员
胡新意　东风汽车公司制造技术委员会主任委员，高级工程师
　　　　中国汽车工程学会制造分会秘书长

委　员（排名不分先后）

曾　鑫	代　洪	丁礼灯	闫瑞涛	苏　忆	陆孟雄	高加泉	王青云	蔺宏良
张红伟	马金刚	吕　翔	王彦峰	吴云溪	赫英歧	张克明	谢计红	张宏阁
徐　涛	王贵槐	张　健	孙泽涛	许小明	贾桂林	刘凤波	宋广辉	刘伟涛
袁苗达	上官兵	刘宗正	向达兵	罗文华	张红英	胡高社	解后循	杨　哲
张四军	覃　群	徐绍娟	叶智彪	涂金林	王　新	王贵槐	陈　凡	张得仓
孙新城	胡望波	刘新平	贺　剑	刘甫勇	阳文辉	杨运来	蒋卫东	朱方来
熊建强	龙志军	贾建波	高洪一	曹登华	艾佳琨	王治平	熊其兴	张国豪
郭金元	朱　磊	刘言强	张荣贵	江　华	黄飞腾	王　琳	刘文胜	徐　涛
李舒燕	宋艳慧	曾文瑜	李远军	温炜坚	张世良	胡　年	郑　毅	邓才思
张明行	毛　峰	齐建民	徐荣政	官　腾	彭琪波	王立刚	刘　铁	袁慧彬
孙永科	赵晓峰	成起强	丑振江	张雪文	王德良	张朝山	刘平原	左卫民
张利军	曾　虎	梁仁建	杨小兵	张锐忠	安宗权	陈其生	张　霞	林振清
姜泽东	文爱民	陈林山	钱　强	黄道业	杨柳青	疏祥林	程师苏	张信群

前言 QIANYAN

  本书是编者在总结多年教学经验,认真吸收兄弟院校专业教学改革的成功经验的基础上,依据现行的项目化教学模式,根据教育部最新颁布的课程要求,并参阅了大量相关资料编写而成的。

  在编写过程中,编者注重高等职业教育的特色,基本理论以应用为目的,以"必需、够用"为前提,以汽车底盘的四大系统为线索,本着服务于实际应用的原则,讲清结构与原理,侧重拆装与检测,采用理实一体化教学模式,通过"认知—理论—实践"三段式教学过程,将理论知识和实际技能培养有效地结合起来,注重对学生操作能力、思维能力和创造能力的培养。

  本书由湖南电气职业技术学院肖卫兵、阳娣莎、彭勇担任主编,湘西民族职业技术学院王兵、潇湘职业学院廖梅花、湘电集团线圈事业部颜曼芳和湖南电气职业技术学院蒋燕、李书舟、朱建军、彭新、刘珊、欧明文、蒋屹、魏华和钟新利担任副主编,湖南电气职业技术学院叶青、侯迪、谭德权、何丽嘉、戴璐、杨秋玉、李斌辉、王冰生、李佳参编。

  本书可作为高职高专院校汽车检测与维修技术、汽车运用技术、汽车运用与维修、汽车电子技术、汽车制造与装配、汽车营销与技术服务等专业及其他相关专业的教材,也可供汽车后市场培养售后技术服务(机电维修)高技能人才及其他工程技术人员参考。

  本书在编写过程中参阅了一些国内外出版的同类书籍,在此特向其作者表示衷心感谢!对为本书的策划和出版付出辛勤劳动的华中科技大学出版社表示衷心感谢!

  由于编者水平所限,书中的疏漏、错误之处在所难免,敬请使用本书的广大读者给予批评和指正。

编 者
2018 年 1 月

目录

项目一 传动系统 ……………………………………………………………… 1
    任务一 膜片弹簧离合器总成主要零件检测 ………………………………… 3
    任务二 离合器踏板检查与调整 ……………………………………………… 11
    任务三 手动变速器输出轴组件检测 ………………………………………… 18
    任务四 同步器总成的拆装和检查 …………………………………………… 27

项目二 行驶系统 ……………………………………………………………… 34
    任务一 前轮前束的调整 ……………………………………………………… 36
    任务二 车轮的结构与维修 …………………………………………………… 46
    任务三 拆卸与安装真空轮胎 ………………………………………………… 58
    任务四 汽车悬架系统的构造与维修 ………………………………………… 63

项目三 转向系统 ……………………………………………………………… 76
    任务一 更换转向横拉杆防尘罩 ……………………………………………… 78
    任务二 转向器总成拆装与检修 ……………………………………………… 84
    任务三 转向助力泵的拆装与检测 …………………………………………… 98

项目四 制动系统 ……………………………………………………………… 105
    任务一 盘式制动器的拆装与检测 …………………………………………… 106
    任务二 鼓式制动器蹄片的更换 ……………………………………………… 114
    任务三 驻车制动器的调整 …………………………………………………… 123
    任务四 制动传动装置的结构与检修 ………………………………………… 127

参考文献 ……………………………………………………………………… 143

项目一 传动系统

【学习目标】

(1) 了解汽车传动系统的功用、分类、布置形式;熟悉汽车行驶的基本原理。

(2) 了解离合器的功能及分类,熟悉离合器的拆装以及总成主要零件的检测方法;掌握离合器踏板的检查与调整方法。

(3) 了解自动变速器的功能及分类,掌握手动变速器、同步器的拆装、维护与检修方法。

(4) 了解万向传动装置和驱动桥的功能和组成,掌握万向节、主减速器、差速器的构造与拆检。

1. 汽车传动系统的功用、分类、布置形式

汽车传动系统是指从发动机到驱动车轮之间所有动力传递装置的总称。其功能是将发动机的动力传给驱动车轮,产生驱动力,使汽车能以一定速度行驶。如图 1-1 所示,传动系统一般由变速器、离合器、万向传动装置、驱动桥(主减速器、差速器等)等组成。

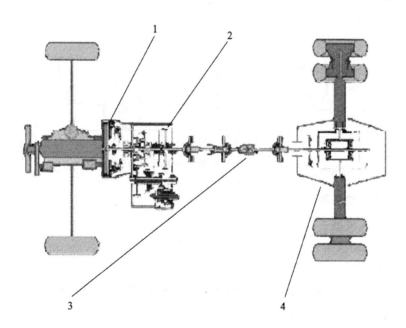

图 1-1 汽车传动系统组成

1—离合器;2—变速器;3—万向传动装置;4—驱动桥(主减速器、差速器)

1) 传动系统各组成部分的功用

(1) 离合器:保证换挡平顺,必要时中断动力传动。

(2) 变速器:变速、变矩、变向,中断动力传动。

（3）万向传动装置：实现有夹角和相对位置经常发生变化的两轴之间的动力传动。

（4）主减速器：将动力传给差速器，并实现降速增矩，改变传动方向。

（5）差速器：将动力传给半轴，并允许左右半轴以不同的转速旋转。

（6）半轴：将差速器的动力传给驱动车轮。

2）分类

按结构和传动介质分有：机械式、液力机械式、静液式（容积液压式）、电动式。

3）布置形式

汽车的驱动形式通常用汽车车轮总数 $n\times$ 驱动车轮数 m（车轮数按轮毂数计）来表示。

普通汽车一般装 4 个车轮，驱动形式有 4×2 和 4×4；重型货车一般装 6 个车轮，驱动形式有 6×6、6×4 和 6×2。

汽车布置形式主要有发动机前置后轮驱动（FR）、发动机前置前轮驱动（FF）、发动机中置后轮驱动（MR）、发动机后置后轮驱动（RR）、全轮驱动（nWD）。

2. 汽车行驶的基本原理

欲使汽车行驶，必须对汽车施加一个驱动力以克服各种阻力，驱动力产生的原理如图 1-2 所示，发动机经由传动系统在驱动车轮上施加了一个驱动力矩 T_t，力图使驱动车轮旋转。在 T_t 的作用下，驱动车轮将对地面施加一个与汽车行驶方向相反的圆周力 F_0。根据作用与反作用原理，地面也将对驱动车轮施加一个与 F_0 大小相等、方向相反的反作用力 F_t，F_t 就是使汽车行驶的驱动力，或称牵引力。驱动力作用在驱动车轮上，再通过车桥、悬架、车架等行驶系统传到车身上，使汽车行驶。

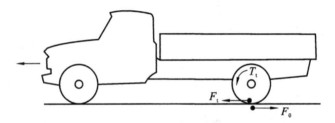

图 1-2 汽车行驶的基本原理示意图

3. 其他形式传动系简介

1）液力机械式传动系（容积式液压传动）

液力机械式传动系组合运用液力传动和机械传动。

2）静液式传动系

静液式传动系是通过液体传动介质的静压力能的变化而传动的。发动机输出机械能，通过油泵转换成液压能，再由液压马达转换成机械能。

3）电力式传动系

电力式传动系由发动机驱动的发电机与牵引电动机构成。牵引电动机可用一个与传动轴和驱动桥相连的电动机，也可以在每个驱动轮上单装一个电动机，还要有减速机构装在车轮边上，这种车轮叫电动轮。

离合器分为摩擦离合器、液力离合器、电磁离合器，其中摩擦离合器按压紧弹簧的形式可以分为周布弹簧离合器、中央弹簧离合器和膜片弹簧离合器三类。周布弹簧离合器和中央弹簧离合器采用螺旋弹簧,分别沿压盘的周围和中央布置;膜片弹簧离合器采用膜片弹簧,目前应用最为广泛,本任务主要讲解膜片弹簧离合器总成的拆装和主要零件的检测方法。

任务一　膜片弹簧离合器总成主要零件检测

【学习目标】

(1) 掌握膜片弹簧离合器总成功用、结构与工作原理。
(2) 熟悉膜片弹簧离合器的拆卸与安装。
(3) 掌握膜片弹簧离合器总成主要零件的检测方法。

【学习重点】

(1) 离合器的功用、结构与工作原理。
(2) 离合器的拆卸与安装。
(3) 膜片弹簧离合器主要零部件的检测方法。

【学习难点】

膜片弹簧离合器主要零部件的检测方法。

【学习准备】

膜片弹簧离合器总成、游标卡尺、检测平板、维修手册。

一、膜片弹簧离合器的功用、结构和工作原理

1. 膜片弹簧离合器的功用

离合器位于发动机和变速器之间,是汽车传动系统中直接与发动机相联系的总成,用于切断和实现发动机对传动系统的动力传递。

离合器的功用主要有以下三个方面。

(1) 使发动机与传动系统逐渐接合,保证汽车平稳起步。

(2) 暂时切断发动机与传动系统的联系,便于发动机的启动和变速器的换挡,保证传动系统换挡时工作平顺。

(3) 限制所传递转矩,防止传动系统过载。

2. 膜片弹簧离合器的结构

膜片弹簧离合器目前在各种类型的汽车上都广泛应用,其结构如图 1-3 所示,一般由主动部分、从动部分、压紧机构和操纵机构四部分组成。

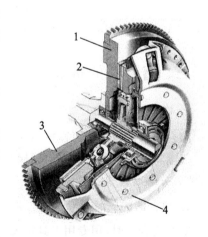

图 1-3　膜片弹簧离合器的结构
1—飞轮;2—从动盘;3—压盘;4—离合器壳

3. 膜片弹簧离合器的工作原理

膜片弹簧离合器在工作过程中,主要包含3种工作状态,分别是接合状态、分离过程、接合过程,如图1-4所示。

1) 接合状态

弹簧将压盘、飞轮及从动盘互相压紧,发动机的转矩经飞轮及压盘通过摩擦面的摩擦力矩传至从动盘。

2) 分离过程

踩下踏板,套在从动盘毂滑槽中的拨叉便推动从动盘克服压紧弹簧的压力右移而与飞轮分离,摩擦力消失,从而中断了动力传动。

3) 接合过程

缓慢地抬起离合器踏板,使从动盘在压紧弹簧的压力作用下左移与飞轮恢复接触,两者接触面间的压力逐渐增加,相应的摩擦力矩逐渐增加,离合器从完全打滑到部分打滑,直至完全接合。

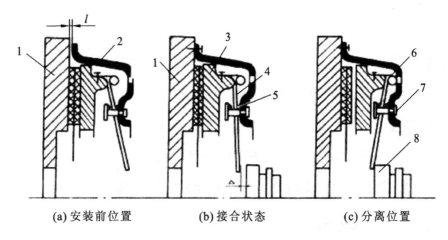

(a) 安装前位置　　　　(b) 接合状态　　　　(c) 分离位置

图1-4　膜片弹簧离合器的工作原理

1—飞轮;2—离合器盖;3—压盘;4—膜片弹簧;5—内支承环;6—分离钩;7—外支承环;8—分离轴承

二、离合器的拆装

1. 离合器的拆卸

离合器的拆装主要可以概括为3个步骤,即首先拆卸变速器,用专用工具将飞轮固定,然后逐渐将离合器压盘的固定螺栓对角拧松,取下离合器盖及压盘总成,并取下离合器从动盘,然后分解离合器各部件。

2. 离合器的安装

安装离合器时,用专用工具将飞轮固定,并将离合器从动盘定位于飞轮和压盘中心,装上紧固螺栓,并用25 N·m的力矩逐渐旋紧。

三、膜片弹簧离合器总成主要零件检测

1. 从动盘的检查

检查从动盘时,先目视检查,看从动盘摩擦片是否有裂纹、铆钉外露、减振器弹簧断裂等情况,如果有则更换从动盘。

再检查从动盘的端面圆跳动;然后检查从动盘摩擦片的磨损程度。在距从动盘外边缘 2.5 mm 处测量,离合器从动盘最大端面圆跳动为 0.4 mm,测量方法如图 1-5 所示。如果不符合要求可用扳钳校正或更换从动盘。

最后检查从动盘摩擦片的磨损程度,摩擦片的磨损程度可用游标卡尺进行测量,如图 1-6 所示,铆钉头埋入深度应不小于 0.20 mm,如果检查结果超过要求,则应更换从动盘。

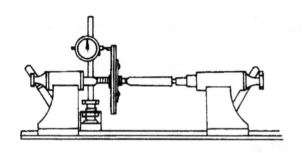

图 1-5 从动盘端面圆跳动的检查 图 1-6 从动盘磨损程度的检查

2. 压盘和离合器盖

压盘损伤主要是翘曲、破裂或过度磨损等。

先检查压盘表面粗糙度,压盘表面不应有明显的沟槽,沟槽深度应小于 0.30 mm,轻微的磨损可用油石修平。

再检查压盘平面度。检查方法如图 1-7 所示,用钢直尺压在压盘上,然后用塞尺测量,离合器压盘平面度不应超过 0.20 mm。

压盘平面度或表面光洁度超过要求可用平面磨床或车床车平,但磨、车的厚度应小于 2 mm,否则应更换压盘。

离合器盖与飞轮的结合面的平面度应小于 0.5 mm,如有翘曲、裂纹、螺纹磨损等应更换离合器盖。

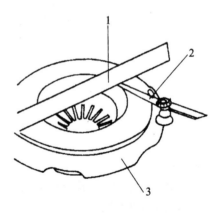

图 1-7 压盘平面度的检查
1—钢直尺;2—塞尺;3—压盘

3. 膜片弹簧

先检查膜片弹簧的磨损程度,如图 1-8 所示,用游标卡尺测量膜片弹簧与分离轴承接触部位磨损的深度和宽度。深度应小于 0.6 mm,宽度应小于 5 mm,否则应更换。

再检查膜片弹簧的变形。如图 1-9 所示,用专业工具盖住弹簧分离器内端(小端),然后用塞尺测量弹簧分离器内端与专用工具之间的间隙,弹簧分离器内端应在同一平面内,间隙不应超过 0.5 mm。否则应用维修工具将变形过大的弹簧分离器翘起以进行调整。

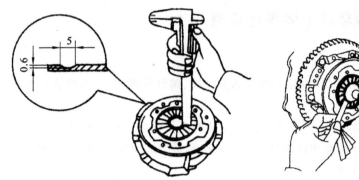
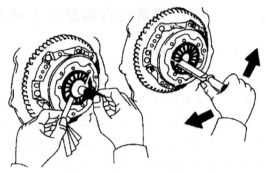

图 1-8　膜片弹簧磨损的检查　　　　　图 1-9　膜片弹簧变形的检查

4. 分离轴承

如图 1-10 所示,用手固定分离轴承内圈,转动外圈,同时在轴向施加压力,如有阻滞或有明显间隙感时,应更换分离轴承。

分离轴承通常是一次性加注润滑脂,维护时切勿随意拆卸清洗。若有脏污,可用干净抹布擦净表面。

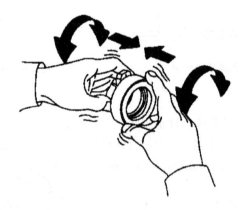

图 1-10　分离轴承的检查

5. 飞轮

首先进行目视检查,检查齿圈轮齿是否磨损或打齿,检查飞轮端面是否有烧蚀、沟槽、翘曲和裂纹等,如果有则应修理或更换飞轮。

再检查飞轮上轴承,如图 1-11 所示,用手转动轴承,同时在轴向施加压力,如有阻滞或有明显间隙感时,则应更换轴承。

最后检查飞轮端面的圆跳动。如图 1-12 所示,检查方法:将百分表安装在发动机机体上,百分表指针抵在飞轮的最外圈,转动飞轮,测量飞轮的端面圆跳动,应小于 0.1 mm,如果端面圆跳动超过标准,应修磨或更换飞轮。

飞轮每次拆卸后,应更换连接螺栓,将飞轮安装在曲轴上时,应按对角线方向逐次以规定的力矩拧紧。

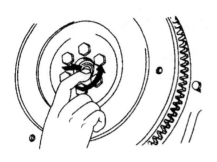
　　图 1-11　飞轮上轴承的检查

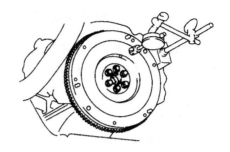
　　图 1-12　飞轮端面圆跳动的检查

四、实训任务

1. 挑战任务：膜片弹簧离合器总成主要零件检测

要求：能正确描述就车拆装离合器总成的方法，并能在工作台上对离合器总成进行分解和对其主要零件实施检测操作，能根据检测结果做出正确的维修结论，同时完成工单的填写。

2. 学生分组实训操作

（1）全班 40 人，分 8 个实训小组。

（2）每个小组用一套设备，组长组织组员轮流按要求开展实训。

（3）要求每组都要按实训工单进行操作。

3. 操作工单和评分标准

操作工单和评分标准请见附件 1、附件 2。

附件1 "膜片弹簧离合器总成主要零件检测"操作工单

要求:能正确描述就车拆装离合器总成的方法,并能在工作台上对离合器总成进行分解和对其主要零件实施检测操作,能根据检测结果做出正确的维修结论,同时完成工单的填写。

一、作业安全/5S
作业前应根据项目要求,做好各项准备工作。

二、拆卸离合器
口述从车辆上拆卸离合器的步骤与方法。

三、离合器总成主要零件的检测
作业要求:会使用维修手册,能正确、规范地检查和测量指定的项目。

1. 检查离合器盖组件
(1) 目测检查压盘表面状况,并将测量数据填入表1。
(2) 检查膜片弹簧磨损程度,并将测量数据填入表2。
(3) 检查膜片弹簧变形和弹力衰损(口述方法)。

2. 检查从动盘
(1) 目测检查从动盘表面状况,并将测量数据填入表1。
(2) 目测检查从动盘扭转减振器弹簧,并将测量数据填入表1。
(3) 检查从动盘磨损程度,将测量数据填入表2。

表1 目测检查结果

被检零件	被检零件表面状况
压盘	
从动盘	
扭转减振器弹簧	

表2 检查测量数据(表中标准值请查阅维修手册获取)

检测项目	标准值(查阅维修手册)/mm		测量值/mm	
膜片弹簧分离器磨损	宽度:	深度:	宽度:	深度:
从动盘磨损 (铆钉头部沉入深度)				
飞轮端面跳动度				

四、装配离合器
口述将离合器装配到车辆上的步骤和方法。

五、维修结论
根据以上检查做出正确的维修结论(零件的可用性和维修建议,需说明理由)。

附件2 "膜片弹簧离合器总成主要零件检测"评分标准

序号	考核项目	配分	评分标准（每项累计扣分不超过配分）
1	安全文明一票否决		造成人身、设备重大事故，或恶意顶撞考官、严重扰乱考场秩序，立即终止考试，此项计0分
2	安全文明生产	20	(1) 不穿工作服扣1分、不穿工作鞋扣1分、不戴工作帽扣1分； (2) 油、水洒落在地面或零部件表面未及时清理，每次扣1分； (3) 垃圾未分类回收，每次扣1分； (4) 竣工后未清理工量具，每件扣1分； (5) 竣工后未清理考核场地，扣2分； (6) 不服从考官、出言不逊，每次扣3分
3	维修手册使用	6	能正确查阅维修手册将所需检测的规定填入工单，每错一处扣2分（参照工单评分）
4	口述拆卸离合器的方法	12	(1) 从飞轮上拆下离合器； (2) 拆卸离合器盖组件，拆卸前离合器盖与飞轮做好对位记号； (3) 按对角顺序依次均匀松开离合器盖螺栓； (4) 取下从动盘和离合器盖组件； (5) 拆下离合器分离轴承、分泵及分离叉等，每漏说或错说一步扣2分； (6) 表达不清晰扣2分
5	检查压盘	5	(1) 清洁被测零件，未做扣1分； (2) 目测检查压盘表面状况，看是否有严重磨损、裂纹及擦伤痕迹，记录检查结果，检测记录结果与实际不符，每个扣2分
6	检查膜片弹簧磨损	16	(1) 选用游标卡尺，选错该大项不得分； (2) 测量前未清洁工具扣1分，未清洁零件扣1分； (3) 测量分离器磨损凹槽的宽度和深度，测量位置每错一处扣2分； (4) 测量读数误差超过0.5 mm扣1分，未保留两位小数扣1分； (5) 测量后未将量具清洁归位，扣2分； (6) 检测结果错误扣4分（根据工单填写结果与实物情况评分）

续表

序号	考核项目	配分	评分标准（每项累计扣分不超过配分）
7	口述膜片弹簧变形和弹力衰损检查方法	6	（1）弹簧分离器变形可通过分离指高度差测出，用专用工具和厚薄规测量值判断； （2）弹簧弹力衰损可通过测量弹簧高度判断； （3）语言表达不清晰扣2分
8	目测检查从动盘表面状况和扭转减振器	6	（1）目测检查从动盘面是否有铆钉松动、不均匀磨损、油污、裂损等情况； （2）目测检查从动盘花键毂是否磨损和损伤； （3）目测检查减振弹簧是否弹力衰损（有间隙）和损伤，每漏检一项扣2分； （4）检测结果错误扣2分（根据工单填写结果与实物情况评分）
8	检查从动盘磨损	14	（1）选用游标卡尺，选错扣1分； （2）测量前清洁量具和被测零件，否则各扣1分； （3）测量并记录铆钉沉入量，测错铆钉面扣4分； （4）测量读数误差超过0.5 mm扣1分，未保留两位小数扣1分； （5）测量后清洁量具并收整好，否则扣1分； （6）检测结果错误扣4分（根据工单填写结果与实物情况评分）
9	口述离合器安装方法	10	（1）安装离合器分离轴承、分泵及分离叉等，并在规定部位涂上一定的润滑脂（不能太多）； （2）在从动盘花键毂的内花键上涂刷规定的润滑脂； （3）用专用工具将从动盘和离合器盖组件安装到飞轮上，注意对位记号和从动盘安装方向； 每错一步扣2分，此外在润滑、专用工具、对位记号、从动盘安装方向方面各1分
10	维修结论	5	根据考生工单评分
11	总分	100	

任务二　离合器踏板检查与调整

【学习目标】

(1) 熟悉离合器自由间隙和离合器踏板自由行程。
(2) 掌握离合器踏板的检查与调整方法。

【学习重点】

(1) 熟悉离合器自由间隙和离合器踏板自由行程。
(2) 掌握离合器踏板的检查与调整方法。

【学习难点】

离合器踏板的检查与调整方法。

【学习准备】

带离合器的车辆、钢直尺、工具灯、工具车(配备常用工具)、维修手册、抹布、三角木、车内三件套和车外翼子板布。

一、离合器自由间隙和离合器踏板自由行程

离合器在正常接合状态下,分离杠杆内端与分离轴承之间应该留有一个间隙,一般为几毫米,这个间隙称为离合器自由间隙。如图1-13所示,如果没有这个间隙,从动盘摩擦片磨损变薄后压盘将不能向前移动压紧从动盘,这将导致离合器打滑,使离合器的传动转矩下降,车辆行驶无力,而且会加速从动盘的磨损。

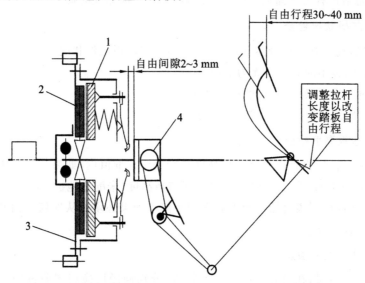

图 1-13　离合器自由间隙和离合器踏板自由行程示意图
1—压盘；2—从动片；3—飞轮；4—分离轴承

为了消除离合器的自由间隙和操纵机构零件的弹性变形所需要的离合器踏板行程称为离合器踏板自由行程。可以通过拧动调节叉来改变分离拉杆的长度对踏板自由行程进行调整,如图1-13所示。

二、离合器踏板的检查与调整方法

1. 总泵液体渗漏检查

检查储液罐中液面的高度,应位于"MIN"和"MAX"刻度线之间位置。注意:多数轿车的离合器储液罐和制动液储液罐共用。

检查离合器总泵以便确保液体不渗漏到总泵室中。检查总泵端口处、储液罐、离合器软管、分泵进油口等部位,是否存在漏油现象,如图1-14、图1-15所示。

图 1-14 储液罐液面高度检查

图 1-15 汽车油液检查

2. 离合器踏板的外观检查

检查离合器踏板有无弯曲或扭曲;检查踏板垫有无损坏或磨损。

3. 离合器踏板状况检查

启动发动机,连续踩下离合器踏板时,检查离合器踏板工作状况。

(1) 离合器踏板不应有回弹无力情况。

(2) 踩踏时无异常噪声、无过度松动情况。

(3) 每次踩踏踏板时,不应有踏板沉重感。

4. 离合器踏板高度检查

使用一把测量标尺检查离合器踏板高度是否处于标准值内,如果超出范围,应调整踏板高度,如图1-16、图1-17所示。标准值:离合器踏板高度(未配备地毯)180.5 mm。

注意:测量从地面到离合器踏板上表面的距离。如果必须要从地毯表面开始测量,则从标准值中扣除地毯厚度。

5. 离合器分离点的检查

发动机怠速运转时,在没有踩下离合器踏板,分别慢慢地换挡到前进挡和倒车挡;逐渐踩下离合器踏板,测量踏板的自由行程到噪声停止的位置的行程量。

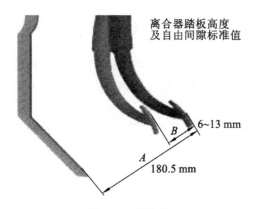

图1-16 标准值

A—踏板高度；B—自由行程

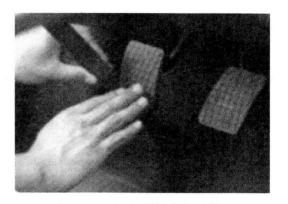

图1-17 离合器测量方法

6. 离合器噪声、离合器沉重感及离合器磨损的检查

发动机怠速时，踩下离合器踏板。换到1挡或者倒车挡，并检查是否有异常噪声和换挡是否平稳。同时，检查是否有任何异常噪声，或者在踩下踏板时，其力量是否可以接受。

7. 离合器踏板高度调整

离合器踏板高度调整方法如下，限位螺栓锁止螺母如图1-18所示。

(1) 松开限位螺栓锁止螺母。

(2) 转动限位螺栓直到踏板高度正确。

(3) 上紧限位螺栓锁止螺母。

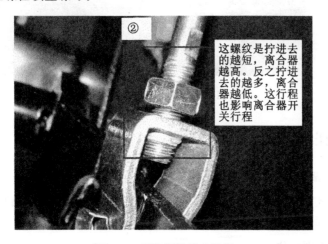

图1-18 限位螺栓锁止螺母

8. 踏板自由行程调整

(1) 松开推杆锁止螺母。

(2) 转动踏板推杆直到踏板自由行程正确。

(3) 上紧推杆锁止螺母。

(4) 调整好踏板自由行程之后，检查踏板高度。

三、知识拓展：液压式离合器操纵机构的排空气法

每次拆卸离合器油管、离合器软管、离合器总泵，或者踩下离合器踏板感觉海绵状时应对离合器液压系统放气，离合器放气螺栓如图 1-19 所示，注意加注的离合器油 SAEJ1703（或 DOT3、DOT4），切勿使用质量差的离合器油。

（1）使用一根塑料软管套在放气螺栓上（工作缸），将排出的离合器油导入一个容器内，打开离合器分泵放气螺栓。

（2）慢慢地往复地踩下离合器踏板，如果往复踩下离合器踏板的速度过快，气缸里的空气将不能放尽，每次放松离合器踏板时都要回到最高位置。

（3）踩住离合器踏板，拧紧放气螺栓。

（4）对储油罐加注离合器油到规定位置。

图 1-19　离合器放气螺栓

四、实训任务

1. 挑战任务：离合器踏板检查与调整

要求：学生在实车上完成对离合器踏板工作情况、踏板高度和踏板自由行程的检查和调整工作，并完成工单的填写。

2. 学生分组实训操作

（1）全班 40 人，分 8 个实训小组。

（2）每个小组用一套设备，组长组织组员轮流按要求开展实训。

（3）要求每组都要按实训步骤进行操作。

3. 操作工单、评分标准

操作工单、评分标准请见附件 1、附件 2。

附件1 "离合器踏板检查与调整"操作工单

要求:在实车上完成对离合器踏板工作情况、踏板高度和踏板自由行程的检查和调整工作,并完成工单的填写。时限:30分钟。

一、作业安全/5S

作业前应根据项目要求,做好各项准备工作。

二、离合器踏板高度检查与调整

作业要求:会使用维修手册,能正确、规范地检查和测量指定的项目。

1. 检查离合器踏板工作情况

反复踩放离合器踏板,将离合器踏板的工作情况填写在上面:

踏板回位情况:

踏板连接情况:

踏板响声情况:

感觉踏板力:

2. 测量离合器踏板高度

查阅维修手册,获取离合器踏板高度标准值为:_____ mm。

测量实际离合器踏板高度为:_____ mm。

3. 完成离合器踏板高度的调整

三、离合器踏板自由行程检查与调整

作业要求:会使用维修手册,能正确、规范地检查和测量指定的项目。

1. 测量离合器踏板自由行程

查阅维修手册,获取离合器踏板自由行程标准值为:_____ mm。

实际离合器踏板自由行程为:_____ mm。

2. 完成离合器踏板自由行程的调整

轿车参考数据:

(1) 离合器踏板自由行程15~25 mm;

(2) 离合器踏板高度150±5 mm;

(3) 离合器总泵与推杆间隙为0~1 mm;

(4) 离合器踏板的总行程131.8~139.1 mm;

(5) 离合器踏板最大踏板力不超过122.2 N。

附件2 "离合器踏板检查与调整"评分标准

序号	考核项目	配分	评分标准(每项累计扣分不超过配分)
1	安全文明一票否决		造成人身、设备重大事故,或恶意顶撞考官、严重扰乱考场秩序,立即终止考试,此项计0分
2	安全文明生产	20	(1) 不穿工作服扣1分、不穿工作鞋扣1分、不戴工作帽扣1分; (2) 油、水洒落在地面或零部件表面未及时清理,每次扣1分; (3) 垃圾未分类回收,每次扣1分; (4) 竣工后未清理工量具,每件扣1分; (5) 竣工后未清理考核场地,扣2分; (6) 不服从考官、出言不逊,每次扣3分
3	维修手册使用	4	根据工单填写情况对照维修手册标准值评分,每错一个扣2分
4	准备工作	4	作业前不安装车内座椅防护套、方向盘套、变速杆套、地板衬垫每项扣1分
5	检查离合器踏板工作情况	8	应检查踏板回位、踏板连接、踏板力及异常噪声,若检查结果与实际情况不符,每项扣2分(根据工单填写情况评分)
6	检查离合器踏板高度	20	(1) 测量时选用钢直尺,若测量工具选用错误扣1分。测量前未清洁量具扣1分; (2) 测量时直尺未与地面垂直扣5分; (3) 踏板测量点(中部)不正确扣5分; (4) 测量读数未扣除地毯的厚度扣2分(对未拆除地毯测量的车辆); (5) 读数不正确扣2分(根据工单填写情况对照维修手册标准值评分); (6) 测量后未将量具清洁归位扣1分
7	调整踏板高度	12	(1) 选错高度调整限位螺栓调整的该项不得分; (2) 工具选用,每选错一次扣2分; (3) 操作不规范扣4分; (4) 调整后未将工具清洁归位扣1分

续表

序号	考核项目	配分	评分标准(每项累计扣分不超过配分)
8	自由行程检查	20	(1) 测量时选用钢直尺,若测量工具选用错误扣1分。测量前未清洁量具扣1分; (2) 测量时直尺未与地面垂直扣5分; (3) 踏板测量点(中部)不正确扣5分; (4) 最终读数未用踏板高度减去测量值的扣2分; (5) 读数未扣除地毯的厚度扣2分(对未拆除地毯测量的车辆); (6) 读数不正确扣2分(根据工单填写情况对照维修手册标准值评分); (7) 测量后未将量具清洁归位扣1分
9	自由行程调整	12	(1) 选错调整限位螺栓调整的该项不得分; (2) 工具选用,每选错一次扣2分; (3) 操作不规范扣4分; (4) 调整后未将工具清洁归位扣1分
10	总计	100	

任务三　手动变速器输出轴组件检测

【学习目标】

(1) 掌握变速器的功用、分类、普通齿轮传动的基本原理。
(2) 能简单叙述手动变速器的构造及变速器各挡的传动情况。
(3) 掌握手动变速器输出轴组件检测。

【学习重点】

(1) 普通齿轮传动的基本原理。
(2) 二轴式变速器变速传动机构的基本构造和动力传递路线。
(3) 手动变速器输出轴组件检测。

【学习难点】

(1) 二轴式变速器变速传动机构的动力传递路线。
(2) 手动变速器输出轴组件检测。

【学习准备】

工具车(配备常用工具)、量缸表(25～50 mm)、千分尺(0～25 mm、25～50 mm)、游标卡尺(0～20 mm)、百分表及磁力表座(0.01 mm)、V形铁、检测平板、维修手册、手动变速器输出组件。

一、变速器的功用及分类

1. 变速器的功用

(1) 改变汽车行驶速度和驱动扭矩大小,即变速变扭。
(2) 改变汽车行驶方向,实现前进和后退。
(3) 在发动机工作,离合器又接合的情况下,能实现停车(即空挡)。

2. 变速器分类

现代汽车上所采用的变速器有多种结构形式,一般可按照传动比和操纵方式进行分类。按传动比的级数,变速器可分为有级变速、无级变速和综合变速三种。

(1) 有级变速通常采用普通齿轮变速器,一般有3～5个前进挡和1～2个倒挡。
(2) 无级变速通常采用主、从动带轮直径可相应改变的V形带传动,或采用液力变矩器。
(3) 综合变速一般采用液力变矩器(或耦合器)与行星齿轮变速器组合,实现负载换挡(不踩离合器)自动换挡,使汽车具有高的动力性、经济性和操纵轻便等优点。

按变速器的操纵方式,可分为手动变速器(MT)、自动变速器(AT)和手自一体变速器

（AMT）三种，如图 1-20 所示。

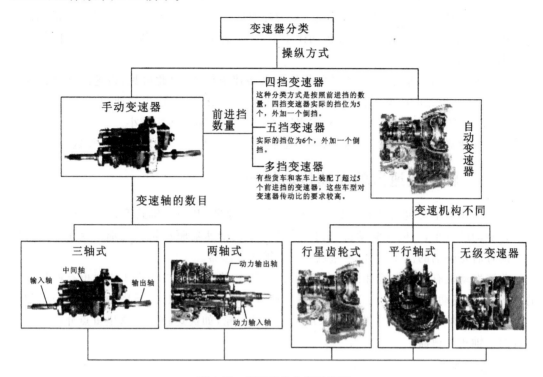

图 1-20　变速器的分类示意图

二、普通齿轮传动的基本原理

普通齿轮变速器利用不同齿数的齿轮啮合传动来实现转矩和转速的改变。

如图 1-21(a)所示，当以小齿轮 1 为主动齿轮（即 $z_1 < z_2$），其转速经大齿轮传出时就降低了，即 $n_2 < n_1$，称为减速传动，此时传动比大于 1。

如图 1-21(b)所示，当以大齿轮 2 为主动齿轮（即 $z_1 > z_2$）其转速经小齿轮传出时就升高了，即 $n_2 > n_1$，称为增速传动，此时传动比小于 1。这就是齿轮传动的变速原理。汽车变速器就是根据这一原理，利用若干大小不同的齿轮副传动而实现变速的。

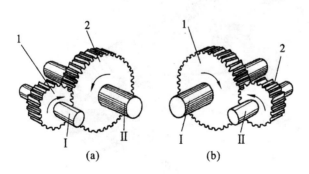

图 1-21　齿轮传动的基本原理
1—主动齿轮（齿数为 z_1）；2—从动齿轮（齿数为 z_2）

一般轿车的变速器通常有3~6个前进挡和1个倒挡,每个前进挡对应一个传动比。所谓几挡变速器是指其前进挡数,前进挡一般为降速挡,传动比大于1;传动比等于1的挡位称为直接挡;少数汽车具有超速挡,即传动比小于1。变速器每次只能以一个挡位工作,挡位的改变称为换挡。

根据齿轮传动的原理,齿轮传动的扭矩与其转速成反比,由此可见,齿轮式变速器在改变转速的同时,也相应改变了输出扭矩,挡位越低、传动比越大,输出转速越低、相应输出转矩越大;反之,挡位越高,传动比越小,输出转速越高、相应输出转矩越小。

汽车变速器就是通过变换各挡的传动比来改变输出转矩,以适应汽车行驶阻力的变化。

三、二轴式变速器的变速传动机构

手动变速器主要包括二轴式变速器和三轴式变速器,其中二轴式变速器用于发动机前置前轮驱动的汽车,一般与驱动桥(前桥)合称为手动变速器驱动桥。三轴式变速器用于发动机前置后轮驱动的汽车,在这里重点介绍二轴式变速器。

前置发动机有纵向布置和横向布置两种形式,与其配用的二轴式变速器也有两种不同的结构形式,发动机纵置时,主减速器为一对圆锥齿轮,如奥迪100、桑塔纳2000轿车,如图1-22所示;发动机横置时,主减速器采用一对圆柱齿轮,如捷达轿车。这里重点介绍发动机纵置的二轴式变速器。

1. 基本构造

如图1-22所示,该变速器的变速传动机构有输入轴(即一轴)、输出轴(即二轴)、倒挡轴等组成。特点:输入轴与输出轴平行,无中间轴。输入轴也是离合器的从动轴,输出轴也是主减速器的主动锥齿轮轴。该变速器具有五个前进挡和一个倒挡,全部采用锁环式惯性同步器换挡。

两轴式变速器只有输入轴和输出轴;在任何前进挡工作时,只有一对齿轮副啮合。

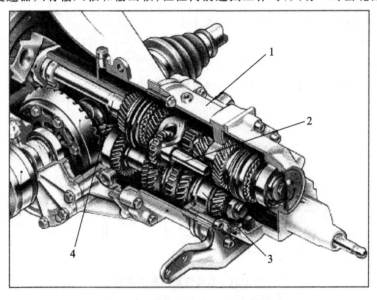

图1-22 二轴式变速器变速传动机构的基本构造

1—变速器壳;2—倒挡轴;3—二轴;4——轴

2. 动力传递路线

一挡动力传递路线如图 1-23 所示,变速器操纵杆从空挡向左、向前移动,实现一挡动力传递路线:动力→输入轴→输入轴一挡齿轮→输出轴一挡齿轮→输出轴上一、二挡同步器→输出轴→动力输出。

图 1-23　一挡动力传递路线

二挡动力传递路线如图 1-24 所示,变速器操纵杆从空挡向左、向后移动,实现二挡动力传递路线:动力→输入轴→输入轴二挡齿轮→输出轴二挡齿轮→输出轴上一、二挡同步器→输出轴→动力输出。

图 1-24　二挡动力传递路线

三挡动力传递路线如图 1-25 所示,变速器操纵杆从空挡向前移动,实现三挡动力传递路线:动力→输入轴→输入轴三、四挡同步器→输入轴三挡齿轮→输出轴三挡齿轮→输出轴→动力输出。

四挡动力传递路线如图 1-26 所示,变速器操纵杆从空挡向后移动,实现四挡动力传递路线:动力→输入轴→输入轴三、四挡同步器→输入轴四挡齿轮→输出轴上四挡齿轮→输出轴→动力输出。

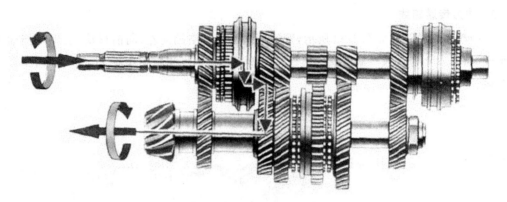

图 1-25 三挡动力传递路线

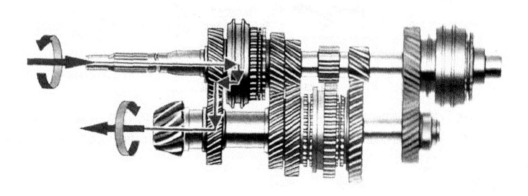

图 1-26 四挡动力传递路线

五挡动力传递路线如图 1-27 所示,变速器操纵杆从空挡向右、向前移动,实现五挡动力传递路线:动力→输入轴→输入轴五挡同步器→输入轴五挡齿轮→输出轴五挡齿轮→输出轴→动力输出。

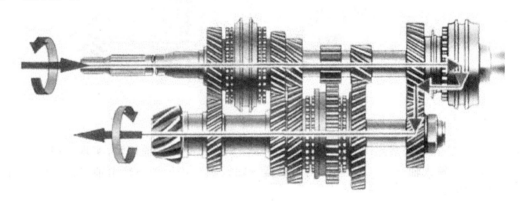

图 1-27 五挡动力传递路线

倒挡动力传递路线如图 1-28 所示,变速器操纵杆从空挡向右、向后移动,实现倒挡动力传递路线:动力→输出轴→输出轴倒挡齿轮→倒挡轴上倒挡齿轮→输出轴倒挡齿轮→输出轴→动力反向输出。

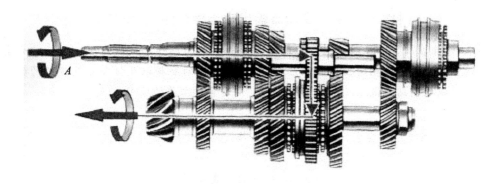

A向

图 1-28 倒挡动力传递路线

四、实训任务

1. 挑战任务：手动变速器输出轴组件检测

要求：学生在工作台上对已经分解的手动变速器输出轴组件的输出轴、齿轮、接合套及拨叉进行检测。主要检测输出轴的变形和磨损、齿轮孔的磨损以及接合套及拨叉的配合间隙。并能根据检测结果做出正确的维修结论。同时完成工单的填写。

2. 学生分组实训操作

(1) 全班 40 人，分 8 个实训小组。
(2) 每个小组用一套设备，组长组织组员轮流按要求开展实训。
(3) 要求每组都要按实训步骤进行操作。

3. 操作工单和评分标准

操作工单和评分标准详见附件 1、附件 2。

附件1 "手动变速器输出轴组件检测"操作工单

要求:学生在工作台上对已经分解的手动变速器输出轴组件的输出轴、齿轮、接合套及拨叉进行检测。主要检测输出轴的变形和磨损、齿轮孔的磨损以及接合套及拨叉的配合间隙。并能根据检测结果做出正确的维修结论。同时完成工单的填写。

一、作业安全/5S

作业前应根据项目要求,做好各项准备工作。

二、检测

作业要求:会使用维修手册,能正确、规范的检查和测量指定的项目。

1. 检测输出轴

查阅维修手册,检测输出轴跳动和外径(只测一处),并将测量结果填写到表1中。

表1 输出轴跳动和外径测量结果

检测项目	标准值(查阅维修手册)/mm	测量值/mm
输出轴跳动		
输出轴外径		

2. 检测齿轮

查阅维修手册,检测输出轴1挡齿轮内径,并将测量结果填写在表2中。

表2 输出轴1挡齿轮内径测量结果

检测项目	标准值(查阅维修手册)/mm	测量值/mm
1挡齿轮内径		

3. 检查接合套及换挡拨叉

查阅维修手册,检查接合套与换挡拨叉之间的间隙,并将测量结果填写在表3中。

表3 接合套与换挡拨叉间隙测量结果

检测项目	标准值(查阅维修手册)/mm	测量值与计算值/mm
接合套槽宽		
换挡拨叉厚度		
接合套与换挡拨叉之间的间隙		

三、维修结论

根据以上检查做出正确的维修结论(零件的可用性和维修建议,需说明理由):

附件2 "手动变速器输出轴组件检测"评分标准

序号	考核项目	配分	评分标准(每项累计扣分不超过配分)
1	安全文明一票否决		造成人身、设备重大事故,或恶意顶撞考官、严重扰乱考场秩序,立即终止考试,此项计0分
2	安全文明生产	20	(1)不穿工作服扣1分、不穿工作鞋扣1分、不戴工作帽扣1分; (2)油、水洒落在地面或零部件表面未及时清理,每次扣1分; (3)垃圾未分类回收,每次扣1分; (4)竣工后未清理工量具,每件扣1分; (5)竣工后未清理考核场地,扣2分; (6)不服从考官、出言不逊,每次扣3分
3	维修手册使用	5	根据工单填写情况对照维修手册标准值评分。每测错一个数据扣1分
4	检测输出轴量跳动(只测一处)	18	(1)测量时未选用百分表则此大项目不得分; (2)测量前未清洁量具扣1分、未清洁零件扣1分; (3)测量方法:测量点不正确扣2分(不能在有油孔的位置测量)百分表未对零和测杆未给预压缩量扣2分,测量时测量头未垂直轴颈扣2分; (4)测量读数:若读数误差超过0.2 mm扣2分,未保留两位小数扣1分; (5)测量后未将量具或零件清洁归位各扣1分; (6)检测结果不正确扣2分(根据工单填写情况对照维修手册标准值评分)
5	检测输出轴外径(只测一处)	18	(1)测量时未选用千分尺则此大项目不得分; (2)测量前未清洁量具或零件各扣1分。量具未校零扣1分(不用调整); (3)测量方法:未在圆周两个相互垂直方向进行测量,每少测一个方向扣2分; (4)测量读数:若读数误差超过0.2 mm扣2分;未保留三位小数扣2分; (5)测量后未将量具或零件清洁归位,各扣1分; (6)检测结果不正确扣2分(根据工单填写情况对照维修手册标准值评分)

续表

序号	考核项目	配分	评分标准（每项累计扣分不超过配分）
6	测量输出轴1挡齿轮内径	18	（1）测量时未选用量缸表则此大项不得分； （2）安装校对量缸表：未按被测零件的标准尺寸、选择合适的接杆扣2分，安装量缸表时未使用千分尺扣1分，量缸表在千分尺上校零时未给预压缩量扣2分； （3）测量前未清洁量具扣1分，未清洁零件扣1分； （4）测量方法：未在圆周两个相互垂直方向进行测量，每少测一个方向扣1分； （5）测量读数：若读数误差超过0.2 mm扣2分，未保留两位小数扣2分； （6）测量后未将量具或零件清洁归位，各扣1分； （7）检测结果不正确扣2分（根据工单填写情况对照维修手册标准值评分）
7	检查接合套与换挡拨叉之间的间隙	16	（1）测量时未选用游标卡尺则此大项目不得分； （2）测量前未清洁量具或零件各扣1分，量具未校零扣1分； （3）测量方法：测量拨叉厚度位置不正确扣1分，测量接合套和拨叉槽方法不正确扣1分，计算间隙不正确扣1分； （4）测量读数：若读数误差超过0.5 mm扣2分，未保留三位小数扣1分； （5）测量后未将量具或零件清洁归位，各扣1分； （6）检测结果不正确扣2分（根据工单填写情况对照维修手册标准值评分）
8	维修结论	5	根据考生工单评分
9	合计	100	

任务四　同步器总成的拆装和检查

【学习目标】

(1) 熟悉同步器的功用、构造及原理。
(2) 掌握同步器总成的拆装和检查。

【学习重点】

(1) 同步器的功用和工作原理。
(2) 锁环式惯性同步器的构造和工作过程。
(3) 同步器总成的拆装和检查。

【学习难点】

(1) 锁环式惯性同步器的构造和工作过程。
(2) 同步器总成的拆装和检查。

【学习准备】

工具车(配备常用工具)、厚薄规(0.02～1 mm)、维修手册、被检同步器总成、抹布。

目前汽车中手动、普通齿轮变速器换挡的方式有两种,一是采用直齿滑动齿轮,如东风EQ1092中型货车的一、倒挡的换挡方式;二是采用同步器换挡,这种方式应用最广泛,几乎所有的变速器都是采用同步器进行换挡。

一、同步器的功能、类型、构造和工作原理

无同步器的变速器换挡操作,尤其是从高挡向低挡的换挡操作比较复杂,不仅很容易产生轮齿或花键齿间的冲击,降低齿轮的使用寿命,而且易使驾驶员产生疲劳。

为了简化操作,保证换挡迅速、平顺,目前变速器在换挡装置中基本上都设置有同步器。

1. 功能

同步器的功能是使接合套与待啮合的齿圈迅速同步,缩短换挡时间;且防止在同步前啮合而产生换挡冲击。

2. 类型

目前所采用的同步器几乎都是摩擦式惯性同步器,该同步器是依靠摩擦作用实现同步的,在其上面设有专设机构保证接合套与待接合的花键齿圈在达到同步之前不可能接触,从而避免了齿间冲击。

按锁止装置不同,可分为锁环式惯性同步器和锁销式惯性同步器。

(1) 锁环式惯性同步器:结构紧凑、便于合理布置,多用于轿车和轻型货车上。
(2) 锁销式惯性同步器:结构形式合理,力矩较大,多适用于中型和大型货车上。

3. 构造及工作原理

1) 锁环式惯性同步器的构造

锁环式惯性同步器的构造由花键毂、接合套、同步环(锁环)、滑块和卡环五部分组成,如图 1-29 所示,其功用如下。

(1) 花键毂:花键毂轴向固定;并与齿圈、锁环具有相同花键齿。

(2) 接合套:用来连动花键毂、同步环、啮合齿圈,并与齿圈、锁环具有相同花键齿。

(3) 同步环(锁环):锁环的倒角与接合套倒角相同,锁环具有内锥面,其上有螺旋槽,以便两锥面接触后,破坏油膜,增加锥面间的摩擦。

(4) 滑块:装于花键毂三轴向槽内;带定位销以便空挡定位;两端伸入两锁环的三缺口。

(5) 卡环:在卡环的作用下,滑块压向接合套,使其凸起的端部球面正好嵌在接合套中部的凹槽中,起到空挡定位作用。

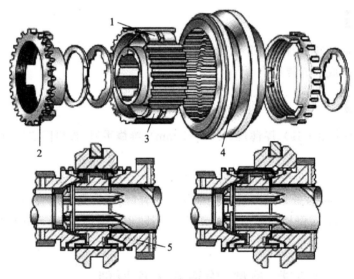

图 1-29 锁环式惯性同步器的构造

1—滑块;2—锁环;3—花键毂;4—接合套;5—齿圈

2) 锁环式惯性同步器的构造

下面以五挡换六挡为例,说明锁环式惯性同步器的工作原理,如图 1-30 所示。

(1) 空挡位置。

n(锁环)=n(接合套);n(齿圈)>n(接合套);n(齿圈)>n(锁环)。

锁环轴向自由,其内锥面与六挡齿圈的外锥面并不接触。

(2) 挂六挡。

接合套左移,因 n(齿圈)>n(锁环),摩擦使锁环超前接合套一角度,而锁环凸起与花键毂通槽接触,锁环与接合套同步,锁止角锁止。

轴向力加大,摩擦作用 n(齿圈)接近 n(锁环),惯性力矩使锁环与接合套相抵不接合。

(3) 挂上六挡。

随着驾驶员加大接合套的推力,齿圈与锁环同步。惯性力矩消失,锁环与齿圈退后一角度,接合套与锁环啮合。接合套齿圈完全啮合完成挂上六挡的全过程。

4. 锁销式惯性同步器

(1) 在中型及大型载货汽车变速器的各挡中,目前较普遍地采用锁销式惯性同步器进行换挡。如 EQ1090E 型汽车五挡变速器即采用锁销式惯性同步器,如图 1-31 所示。

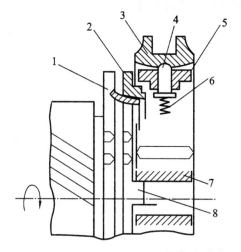
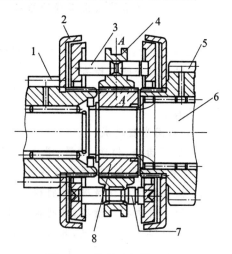

图 1-30　锁环式惯性同步器工作原理示意图
1—齿圈;2—锁环;3—接合套;4—定位销;
5—滑块;6—弹簧;7—花键毂;8—锁环凸起

图 1-31　锁销式惯性同步器
1——轴齿轮;2—锥盘;3—定位销;4—接合套;
5—二轴齿轮;6—第二轴;7—锁销;8—花键毂

(2) 当变速器的第二轴上的常啮齿轮及其接合齿圈直径较大时,装用锁销式同步器不仅使齿轮的结构形式合理,而且还可在摩擦锥面间产生较大的摩擦力矩,缩短了同步时间。

(3) 锁销式同步器的工作原理与上述锁环式惯性同步器基本相同。

(4) 锁销式惯性同步器的结构特点。

① 具有转速差的摩擦锥环与摩擦锥盘产生摩擦。

② 同步前,有摩擦力矩,接合套被锁止。

③ 同步后,惯性力矩消失,锁销与接合套相应对中,接合套沿锁销轴向移动,与花键齿圈啮合,顺利地换挡。

二、实训任务

1. 挑战任务:同步器总成的拆装和检查

要求:学生在工作台上对已经从轴上拆卸下来的同步器组件进行分解、检测和组装。其分解和组装方法正确,同时对同步器的锁环、滑块、接合套、花键毂及弹簧的损伤情况进行检测。并能根据检测结果做出正确的维修结论。同时完成工单的填写。

2. 学生分组实训操作

(1) 全班 40 人、分 8 个实训小组。

(2) 每个小组用一套设备,组长组织组员轮流按要求开展实训。

(3) 要求每组都要按实训步骤进行操作。

3. 操作工单和评分标准

操作工单和评分标准请见附件1、附件2。

附件1 "同步器总成的拆装和检查"操作工单

要求：学生在工作台上对已经从轴上拆卸下来的同步器组件进行分解、检测和组装。其分解和组装方法正确，同时对同步器的锁环、滑块、接合套、花键毂及弹簧的损伤情况进行检测，并能根据检测结果做出正确的维修结论。同时完成工单的填写。

一、作业安全/5S

作业前应根据项目要求，做好各项准备工作。

二、同步器分解及检查

作业要求：会使用维修手册，能用正确的方法分解同步器，并正确、规范地检查和测量指定的项目。

1. 分解同步器总成

分别取下齿轮、锁环、弹簧、滑块、接合套。

2. 检查同步器锁环、滑块及弹簧

(1) 检查锁环损伤情况，并将检查情况填写到表1中。

(2) 检查滑块损伤情况，并将检查情况填写到表1中。

(3) 检查弹簧损伤情况，并将检查情况填写到表1中。

表1 同步器锁环、滑块、弹簧检查情况

被检零件	
锁环	
滑块	
弹簧	

3. 测量齿轮与同步器锁环配合情况

(1) 测量接合齿圈与同步器锁环之间的间隙，并将测量结果填写在表2中。

表2 锁环与齿轮配合间隙检查

检测项目	标准值(查阅维修手册)/mm	测量值/mm
接合齿圈与同步器锁环之间的间隙		

(2) 检查同步器锁环的工作情况。

锁环在齿轮锥面上的相对转动情况：_____。

4. 检查接合套与花键毂

(1) 检查接合套损伤情况，并将检查情况填写到表3中。

(2) 检查花键毂损伤情况，并将检查情况填写到表3中。

(3) 检查接合套与花键毂相对滑动情况，并将检查情况填写到表3中。

表3 同步器接合套与花键毂检查情况

被检零件	检查结果
接合套	
花键毂	
接合套与花键毂相对滑动情况	

三、同步器组装

将同步器组装归位。

四、维修结论

根据以上检查做出正确的维修结论(零件的可用性和维修建议,需说明理由):

附件2 "同步器总成的拆装和检查"评分标准

序号	考核项目	配分	评分标准（每项累计扣分不超过配分）
1	安全文明一票否决		造成人身、设备重大事故，或恶意顶撞考官、严重扰乱考场秩序，立即终止考试，此项计0分
2	安全文明生产	20	（1）不穿工作服扣1分、不穿工作鞋扣1分、不戴工作帽扣1分； （2）油、水洒落在地面或零部件表面未及时清理，每次扣1分； （3）垃圾未分类回收，每次扣1分； （4）竣工后未清理工量具，每件扣1分； （5）竣工后未清理考核场地，扣2分； （6）不服从考官、出言不逊，每次扣3分
3	维修手册使用	5	参阅维修手册确定所需规定标准值。根据工单填写情况对照维修手册评分
4	分解同步器	8	（1）将同步器两侧齿轮和锁环取下（取下前左右进行标记），漏做标记扣2分； （2）取下弹簧，并将滑块取下（若滑块有安装方向要求应做好记号），操作不规范扣3分； （3）做好接合套和花键毂左右侧记号后，将接合套从花键毂上取下，漏做标记扣1分； （4）将分解后的零件依次摆放整齐，零件随意乱放扣2分
5	检查锁环、滑块及弹簧	20	（1）检查前未清洁零件扣2分； （2）检查锁环内锥面螺纹槽及锁止角磨损情况，并记录检查结果，每漏检一个项目扣3分，检查结果与实际不相符扣6分； （3）检查滑块磨损情况，重点检查滑块顶部凸起部位，并记录检查结果，检查部位不正确扣3分，检查结果与实际不相符扣6分； （4）检查弹簧是否衰损或断裂，并记录检查结果，漏做或结果不正确扣6分
6	测量齿轮与同步器锁环之间的间隙	10	（1）测量时未选用厚薄规则该大项不得分； （2）测量前未清洁量具扣1分、未清洁零件扣1分； （3）测量方法：测量时未将齿轮与锁环压紧扣2分。未在整个外圈进行测量扣2分； （4）测量后未将量具或零件清洁归位各扣1分； （5）检测结果不正确扣3分（根据工单填写情况对照维修手册标准值评分）

续表

序号	考核项目	配分	评分标准（每项累计扣分不超过配分）
7	检查锁环工作情况	6	（1）清洁零件，未做扣1分； （2）将锁环与齿轮锥面压紧，检查两者是否有相对转动，操作不规范（检查时未将两者压紧）扣5分
8	检查接合套与花键毂	20	（1）检查前未清洁零件扣2分； （2）检查接合套齿端锁止角和花键齿的磨损情况，并记录检查结果，检查结果与实际不相符扣6分； （3）检查花键毂的花键齿磨损情况，并记录检查结果，检查结果与实际不相符扣6分； （4）检查同步器接合套与花键毂组合在一起时的滑动情况，应能平顺地滑动而无阻滞现象，并记录检查结果，漏做或结果不正确扣6分
9	同步器组装	6	（1）将接合套按原位置装到花键毂上，装入滑块（注意安装位置），装错扣2分； （2）将弹簧错开120°安装到滑块凸肩下面，弹簧两端必须勾住相邻两滑块的内侧，装错扣2分； （3）将两锁环和齿轮按原左右位置（记号）装到同步器体上，左右错装扣2分
10	维修结论	5	根据工单填写情况评分
11	总计	100	

项目二 行驶系统

【学习目标】

(1) 了解行驶系统的组成和功能。

(2) 了解车架和车桥的功能、类型和结构,掌握转向轮定位参数及调整。

(3) 了解车轮的构造与检修,熟悉轮胎的构造与检修,掌握车轮动平衡的调整及轮胎拆装,车轮的检查与换位。

(4) 了解悬架的组成与工作原理,掌握前悬架弹簧与减振器组件拆装与检查、麦弗逊悬架下摆臂及球节总成更换方法。

一、汽车行驶系统的组成和功能

1. 汽车行驶系统的组成

大多数汽车采用轮式行驶系统,其结构特点是通过轮胎直接与地面接触来支承车辆,并通过轮胎的滚动使汽车行驶。行驶系统一般由车架、车桥、车轮和悬架等组成,如图 2-1 所示。

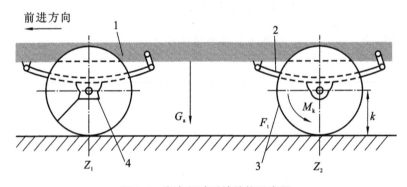

图 2-1 汽车行驶系统结构示意图

1—车架;2—悬架;3—车轮;4—车桥

车轮支承着车桥,车桥又通过弹性悬架与车架相连接。

车架是整个汽车的基体,它将汽车的各相关总成连接成一个整体,构成汽车的装配基础。

2. 汽车行驶系统的功能

(1) 支承汽车的总质量。

(2) 接受由发动机经传动系传来的转矩,并通过驱动轮与地面间的附着作用,产生驱动力,以保证整车正常行驶。

(3) 传递并支承路面作用于车轮上的各种反力及其所形成的力矩。

（4）尽可能地缓和不平路面对车身造成的冲击和振动，保证汽车平顺行驶。

二、行驶系统的结构形式

1. 轮式行驶系

轮式行驶系统是车轮直接与路面接触，如图 2-2 所示。

图 2-2　轮式行驶系统

2. 半履带式

其结构特点是前桥装有滑橇或车轮，用来实现转向，后桥装有履带，以减少对地面的单位压力，控制汽车下陷，同时履带上的履刺加强了附着力，提高了车辆的通过能力。

3. 全履带式

行驶系中直接与路面接触的部分是履带的汽车称为履带式汽车，如图 2-3 所示。

4. 车轮-履带式

行驶系中直接与路面接触的部分既有车轮又有履带的汽车称为半履带式汽车或车轮-履带式汽车，如图 2-4 所示。

图 2-3　全履带式行驶系统

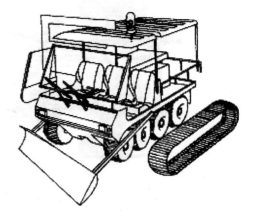

图 2-4　车轮-履带式行驶系统

任务一　前轮前束的调整

【学习目标】

(1) 车架的功能、类型和结构特点。
(2) 掌握转向桥、转向驱动桥的构造。
(3) 车轮定位参数及其数值的调整。

【学习重点】

(1) 车架类型和结构特点。
(2) 车轮定位参数及其数值的调整。

【学习难点】

车轮定位参数及其数值的调整。

【学习准备】

四轮定位仪、汽车。

一、车架的功能、类型和结构

1. 车架的功用

汽车车架俗称"大梁"。其上装有发动机、变速器、传动轴、前后桥、车身等总成和部件，如图 2-5 所示。

图 2-5　车架整体示意图

车架的功用是支承、连接汽车的各总成，使各总成保持相对正确的位置，并承受汽车内外的各种载荷。

车架通过悬架装置坐落在车轮上。有的客车和轿车为了减小质量，取消了车架，制成了能够承受各种载荷的承载式车身,即无梁式车身。

2. 车架的类型和结构

汽车上采用的车架有四种类型:边梁式车架、中梁式车架(或称脊骨式车架)、综合式车架和承载式车架,目前汽车上多采用边梁式车架和承载式车架。

1) 边梁式车架

边梁式车架由两根位于两边的纵梁和若干道横梁组成,用铆接和焊接的方法将纵横梁连接成坚固的刚性构架。如图 2-6 所示。

X 形车架(边梁式车架的改进)如图 2-7 所示,对于短而宽的汽车,为了降低重心高度和提高车架的扭转刚度,通常制成前窄后宽而后部向上弯曲的车架结构,且两根横梁制成 X 形,故 X 形车架一般用于轿车车架。

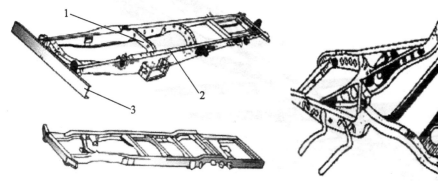

图 2-6 边梁式车架示意图　　　　　图 2-7 X 形车架结构示意图
1—横梁;2—纵梁;3—保险杠

2) 中梁式车架(脊骨式车架)

中梁式车架只有一根位于中央而贯穿汽车全长的纵梁,亦称为脊骨式车架。如图 2-8 所示,中梁的前端做成伸出支架,用以固定发动机,而主减速器壳通常固定在中梁的尾端,形成断开式后驱动桥。中梁上的悬伸托架用以支承汽车车身和安装其他机件。

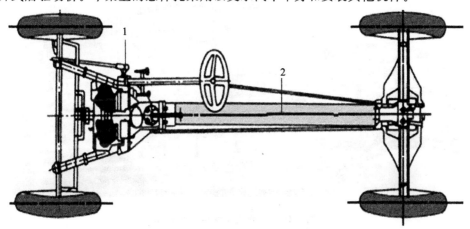

图 2-8 中梁式车架结构示意图
1—发动机;2—中梁

此种车架有较好的抗扭转刚度和较大的前轮转向角,在结构上容许前轮有较大的跳动空间,便于装用独立悬架,从而提高了汽车的越野性能;与同吨位的载货汽车相比,其车架轻,整车质量小,同时质心也较低,故行驶稳定性好;车架的强度和刚度较大;脊梁还能起封闭传动轴的防尘罩作用。但制造工艺复杂,精度要求高,总成安装困难,维护修理也不方便,故目前应用较少。

3) 综合式车架

综合式车架是由边梁式和中梁式车架联合构成的,如图 2-9 所示。车架的前段或后段是边梁式结构,用以安装发动机或后驱动桥。而车架的另一段是中梁式结构的支架,可以固定车身。传动轴从中梁的中间穿过,使之密封防尘。

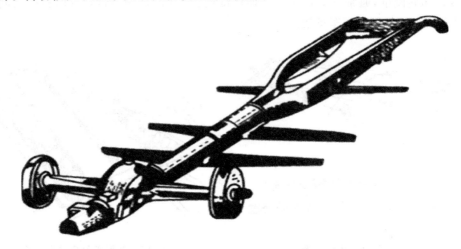

图 2-9 综合式车架结构示意图

4) 承载式车架

部分轿车和大型客车无车架,而以车身兼代车架,即将所有部件固定在车身上,所有的力也由车身来承受,称为无梁式车架,也称为承载式车架。如图 2-10 所示。如上海桑塔纳、一汽奥迪 100、捷达/高尔夫型轿车均为承载式车架。

图 2-10 承载式车架结构示意图

公共汽车及长途大客车,多数采用全金属承载式车架,其中大部分是有骨架式,而无骨架承载式车身在一部分大客车上也有所采用。

二、车桥的功能、类型与结构

1. 车桥的功能和类型

车桥位于悬架与车轮之间,其两端安装车轮。通过悬架与车架(或车身)相连,其功用是传递车架(或车身)与车轮之间各方向的作用。

按悬架结构的不同,车桥分为断开式和整体式两种。断开式车桥为活动关节式结构,它与独立悬架配合使用;整体式车桥的中部是刚性实心或空心梁,它多配用非独立悬架。

按车轮的不同运动方式,车桥又可分为转向桥、驱动桥、转向驱动桥和支承桥四种类型。其中,转向桥和支承桥均属于从动桥。一般汽车的前桥多为转向桥,而后桥或中、后两桥多为驱动桥;越野汽车或大部分轿车的前桥既是转向桥也是驱动桥,故称为转向驱动桥;有些单桥驱动的三轴汽车(6×2)的中桥(或后桥)是驱动桥,而后桥(或中桥)则为支承桥。

2. 转向桥的功能和组成

1) 转向桥的功能

转向桥通常位于汽车前部,所以也称为前桥,能使安装在其两端的车轮偏转一定的角度,以实现汽车转向,同时还要承受车轮与车架之间的垂直载荷、纵向的道路阻力、制动力和侧向力以及这些力所形成的力矩,如图2-11所示。

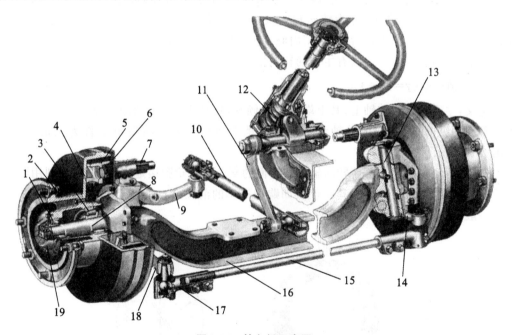

图 2-11 转向桥示意图

1—外轴承;2—前轮毂;3—内轴承;4—制动鼓;5—制动蹄;6—制动器底板;7—制动凸轮轴;8—转向节;9—转向节上臂;10—转向直拉杆;11—转向垂臂;12—转向器;13—转向节主销;14—右转向节臂;15—转向横拉杆;16—前梁;17—横拉杆接头;18—左转向节臂;19—轮毂盖

2) 转向桥的组成

各种车型的转向桥结构基本相同,主要由前轴、转向节、主销等组成,如图2-12所示。

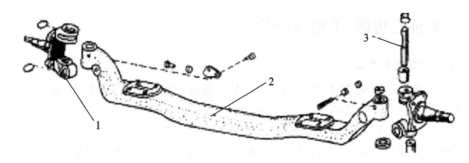

图 2-12 转向桥分解图

1—转向节；2—前轴；3—主销

三、转向轮的定位与调整

当汽车行驶一定的里程后，各部位零件都有所磨损变形。特别是悬架机构，由于长时间受来自地面和零件之间的摩擦，加上在各种不同路况下行驶，甚至受到来自外力的撞击，很容易对部件造成磨损变形。从而改变了原厂的设计角度，降低汽车性能。为了将其恢复到标准角度，必须对其进行四轮定位。

为了使转向轻便和行驶稳定，减少轮胎和机件的磨损，应使转向轮与主销、前轴之间的安装保持一定的安装角度，称为转向轮定位（前轮定位）。四轮定位包括前轮定位、后轮定位；前轮定位主要包括主销后倾、主销内倾、前轮外倾、前轮前束四个内容。后轮定位主要包括后轮前束、后轮外倾。现以有主销的转向桥为例说明转向轮的定位。

1. 主销后倾（$\gamma=2°\sim3°$）

定义：主销安装在前轴上，其上端略向后倾斜，这种现象称为主销后倾。在垂直于汽车支承平面的纵向平面内，主销轴线与汽车支承平面垂线之间的夹角 γ 称为主销后倾角，如图 2-13 所示。

作用：后倾角的存在可使转向轴线与路面的交会点在轮胎接地点的前方，可利用路面对轮胎的阻力让车子保持直进，其原理就如购物推车的前轮会自动转至你施力的方向并保持直进一般。

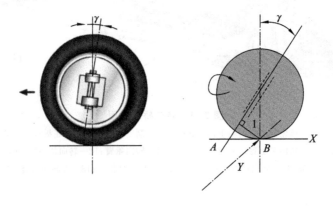

图 2-13 主销后倾

2. 主销内倾($\beta=5°\sim8°$)

定义：主销安装在前轴上，其上端略向内侧倾斜，这种现象称为主销内倾。在垂直于汽车支承平面的横向平面内，主销轴线与汽车支承平面垂线之间的夹角 β 称为主销内倾角，如图2-14所示。

作用：当车轮以主销为中心回转时，车轮的最低点将陷入路面以下，但实际上车轮下边缘不可能陷入路面以下，而是将转向车轮连同整个汽车前部向上抬起一个相应的高度，这样汽车本身的重力有使转向车轮回复到原来中间位置的效应，因而方向盘复位容易。

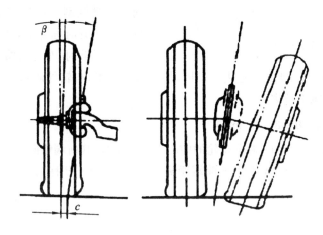

图 2-14　主销内倾

此外，如图2-15所示，主销内倾角还使得主销轴线与路面交点到车轮中心平面与地面交线的距离减小，从而减小转向时驾驶员加在方向盘上的力，使转向操纵轻便，同时也可减少从转向轮传到方向盘上的冲击力。但主销内倾角也不宜过大，否则会加速轮胎的磨损。

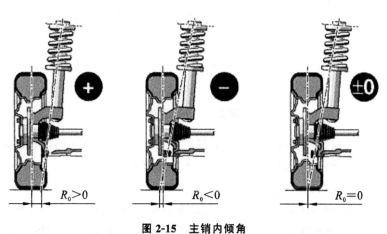

图 2-15　主销内倾角

注：主销内倾角和主销后倾角都使汽车转向时自动回正，保持直线行驶的稳定性。所不同的是，主销后倾的回正作用与车速有关，而主销内倾的回正作用与车速无关。这样，在不同的车速时，各自发挥其稳定作用。

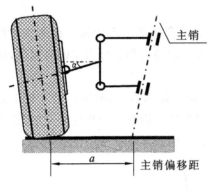

图 2-16 车轮外倾

3. 前轮外倾（$\alpha=1°$）

定义：转向轮安装在转向节上，其旋转平面上端向外倾斜，这种现象称为转向车轮外倾，由车前方看轮胎中心线与垂直线所成的角度称为前轮外倾角，向外为正，向内为负，如图 2-16 所示。其角度的不同能改变轮胎与地面的接触点及施力点，直接影响轮胎的抓地力及磨耗状况。从前后方向看车轮时，轮胎并非垂直安装，而是稍微倾倒呈现"八"字形张开，称为负外倾，而朝反方向张开时称为正外倾。

作用：使汽车满载时，车轮与路面接近垂直。

现代汽车中，由于悬架等比过去的坚固，加上路面平坦，车轮外倾角都较小，并且零倾角或负外倾角的车辆越来越多。

4. 前轮前束（$A-B=8\sim12$ mm）

定义：车轮安装在车桥上，两前车轮的中心平面不平行，其前端略向内侧收束，这种现象称为前轮前束，两前轮后端距离 A 大于前端距离 B，其差值 $A-B$ 称为前轮前束值，如图 2-17 所示。

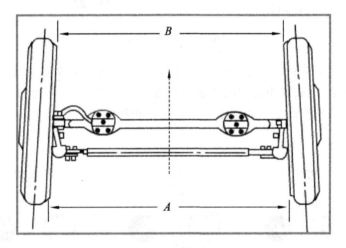

图 2-17 前轮前束

作用：为了消除前轮外倾而增加轮胎磨损的不良后果，保证汽车的行驶性能。

前束角之和（总前束）：一根轴上左右两个车轮前束角度之和。

调整方法：调节左右转向横拉杆长度，如图 2-18 所示。

脚尖向内，所谓"内八字脚"的意思，指的是左右前轮分别向内。采用这种结构目的是修正由于前轮外倾角引起的车轮向外侧转动。由于有外倾，方向盘操作变得容易。另一方面，由于车轮倾斜，左右前轮分别向外侧转动，为了修正这个问题，如果左右两轮带有向内的角度，则正负为零，左右两轮可保持直线行进，减少轮胎磨损。

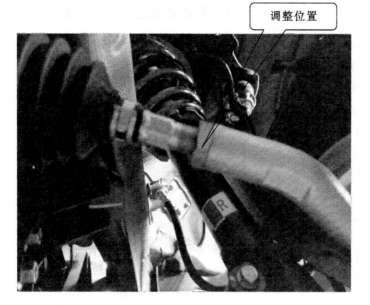

图 2-18 前轮前束调整

四、实训任务

1. 挑战任务：前轮前束的调整

要求：车辆已经放置于四轮定位仪上并安装定位装具，操作四轮定位仪器进入前轮前束调整界面，可设置轮胎气压、前束不正常，学生选择正确工具对前轮前束调整至正常范围。

考核时限：40 分钟。

2. 学生分组实训操作

(1) 全班 60 人分 8 个实训小组。
(2) 每个小组用一套设备，组长组织组员轮流按要求开展实训。
(3) 要求每组都要按实训步骤进行操作。

3. 操作工单和评分标准

操作工单和评分标准请见附件 1 和附件 2。

附件1 "前轮前束的调整"操作工单

要求:将车辆放置于四轮定位仪举升机上并安装定位装具,操作四轮定位仪器进入前轮前束调整步骤,可设置轮胎气压、前束不正常。

时限:30分钟。

1. 检查准备工作
(1) 安装座椅套。
(2) 安装地板垫。
(3) 安装方向盘套。
(4) 拉起发动机盖释放杆。
(5) 打开发动机盖。
(6) 安装翼子板布。
(7) 安装前格栅布。
(8) 将车辆升至合适高度。

2. 基本检查
(1) 胎压: 标准值:_____;测量值:_____
(2) 车轮与轮胎: 正常/不正常
(3) 车轮转向节: 正常/不正常
(4) 横拉杆球头: 正常/不正常
(5) 前悬挂下控制臂球头: 正常/不正常
(6) 前悬挂下控制臂轴承: 正常/不正常
(7) 前减振器与弹簧: 正常/不正常
(8) 前平衡杆与连杆: 正常/不正常
(9) 检查前束参数: 正常/不正常

3. 前轮前束的调整
(1) 对正方向盘并固定在定位。
(2) 松开横拉杆端固定螺帽。
(3) 拆下转向齿轮防尘罩固定夹。
(4) 顺时针或逆时针以相等的转动量转动横拉杆来调整前束设定。
(5) 拧紧横拉杆端部固定螺帽。
(6) 安装转向齿轮防尘罩固定夹。
(7) 检查前束参数: 标准值:_____;测量值:_____。

4. 车辆恢复
(1) 恢复/清洁。
(2) 拆卸翼子板布和前盖。
(3) 拆卸方向盘套、地板垫和座椅套。

附件2 "前轮前束的调整"评分标准

序号	考核项目	检修内容	配分	扣分标准
1	作业安全/5S	铺设座椅护套、翼子板布等	5	每少铺设1件扣1分,扣完为止
		准备好所需仪器设备	5	未进行准备直接扣完
		工量具、场地清洁	5	每次扣1分,扣完为止
2	工具使用	检测仪器选用是否合理	5	未合理选用酌情扣分
		检测仪器使用是否规范	5	未合理使用酌情扣分
3	检查准备	将车辆升至合适高度	3	
4	基本检查	胎压	4	检查并调整至标准值
		车轮与轮胎	4	
		车轮转向节	4	
		横拉杆球头	4	
		前悬挂下控制臂球头	4	
		前悬挂下控制臂轴承	4	
		前减振器与弹簧	4	
		前平衡杆与连杆	4	
		将车辆升至合适高度检查前束	3	
		检查前束参数	4	
5	前轮前束的调整	对正方向盘并固定在定位	4	
		松开横拉杆端固定螺帽	4	
		拆下转向齿轮防尘罩固定夹	4	
		顺时针或逆时针以相等的转动量转动横拉杆来调整前束设定	4	
		拧紧横拉杆端部固定螺帽	4	
		安装转向齿轮防尘罩固定夹	4	
		检查前束参数	4	
6	工单填写	确认检测步骤完成情况及检修结果填写	5	按工单填写情况酌情扣分
7	总分		100	

任务二　车轮的结构与维修

【学习目标】

(1) 了解车轮的结构组成。
(2) 熟悉轮胎的花纹及规格、磨损、修补。
(3) 掌握车轮动平衡检测、车轮检查与换位。

【学习重点】

(1) 轮胎的花纹及规格、磨损、修补。
(2) 车轮动平衡检测。
(3) 车轮检查与换位。

【学习难点】

车轮动平衡检测、车轮检查与换位。

【学习准备】

车轮动平衡机、被检轮胎、被检车辆、轮胎深度规或游标卡尺、气压表、气枪、车轮摆放架、气动冲击扳手、举升机、平衡块、维修手册。

一、车轮的功能和组成

1. 功能

车轮是介于轮胎和车桥之间承受负荷的旋转组件，其功能是安装轮胎，承受轮胎与车桥之间的各种载荷的作用。

汽车车轮总成由车轮和轮胎两大部分组成，是汽车行驶系统的重要部件。其主要功能如下：①支承整车的质量；②缓和由路面传来的冲击力；③通过轮胎和路面之间的附着力为汽车提供驱动力和制动力；④使车轮保持直线行驶的方向。

此外，车轮和轮胎（特别是汽车轮胎）还是汽车重要的安全件，几乎所有的汽车行驶性能都与轮胎有关。

2. 组成

车轮一般由轮毂、轮辋和轮辐组成。轮毂通过圆锥滚子轴承安装在车桥或转向节轴径上，用于连接车轮与车桥。轮辋用于安装和固定轮胎。轮辐用于将轮毂和轮辋连接起来，并通过螺栓与轮毂连接起来。

二、车轮的结构

按轮辐的结构不同，车轮可以分为辐板式车轮和辐条式车轮两种形式。

1) 辐板式车轮

目前,普通汽车和轻、中型货车普遍采用辐板式车轮,这种车轮由挡圈、轮辋、辐板、气门嘴伸出口组成,如图 2-19 所示。车轮中用于连接轮毂和轮辋的钢质圆盘称为辐板,大多是冲压制成的,少数与轮毂铸成一体,后者主要用于重型汽车。

2) 辐条式车轮

如图 2-20 所示,这种车轮的轮辐是钢丝辐条或者是与轮毂铸成一体的铸造辐条。钢丝辐条式车轮由于价格昂贵,维修安装不便,故仅用于赛车和某些高级轿车上。铸造辐条式车轮用于装载质量较大的重型汽车上。在这种结构的车轮上,轮辋用螺栓和具有特殊形状的衬块固定在辐条上。为了使轮辋与辐条很好地对中,在轮辋和辐条上都加工出配合锥面。

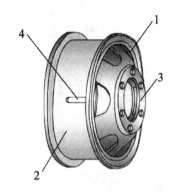

图 2-19 辐板式车轮

1—挡圈;2—轮辋;3—辐板;4—气门嘴伸出口

图 2-20 辐条式车轮

三、轮胎功能、结构、规格、选用和备胎类型

1. 轮胎的功能

现代汽车都采用充气式轮胎,轮胎安装在轮辋上,直接与路面接触,它的功能如下:

(1) 承受车辆负荷;

(2) 向路面传递驱动、制动力;

(3) 改变和保持车辆行驶方向;

(4) 吸收来自地面的震动。

轮胎的功能如图 2-21 所示。

2. 轮胎的结构

1) 有内胎轮胎的结构

定义:有内胎轮胎是指轮胎外胎内腔中需要配有内胎的充气轮胎。

结构:有内胎轮胎由外胎、内胎、垫带等组成,使用时安装在汽车轮辋上,如图 2-22 所示。

2) 无内胎轮胎的结构

定义:无内胎轮胎俗称真空轮胎,是指由轮胎胎里气密层及胎圈与轮辋的密合作用保持轮胎内压,不需要配用内胎的充气轮胎。

图 2-21 轮胎的功能

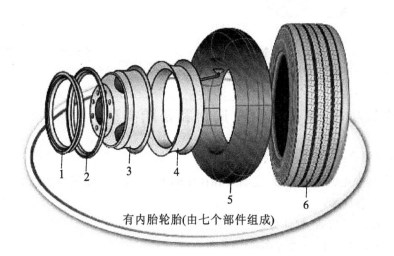

图 2-22 有内胎轮胎的结构

1—锁环；2—压圈；3—轮盘；4—垫带；5—内胎和气门；6—外胎

结构：如图 2-23 所示，无内胎轮胎内壁上有一层气密层，能起到密封的作用，它不需要内胎，一般安装在深槽轮辋上使用，因此不用垫带。目前已普遍采用，正在逐步取代有内胎轮胎。

3）外胎的结构

外胎由胎面、帘布层、缓冲层和胎圈组成，如图 2-24 所示。

（1）胎面。胎面是轮胎的外表面，可分为胎冠、胎肩和胎侧三部分。

胎冠与路面直接接触，并产生附着力，使车辆行驶和制动。为使轮胎与地面有良好的附着性能，防止纵、横向滑移，在胎面上制有各种形状的花纹。胎面花纹如表 2-1 所示。

项目二 行驶系统

图 2-23 无内胎轮胎的结构
1—轮辋和气门；2—轮胎

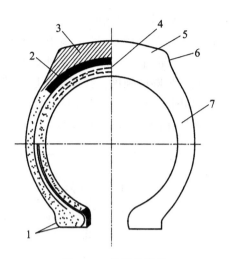

图 2-24 外胎的结构
1—胎圈；2—缓冲层；3—胎面；
4—帘布层；5—胎冠；6—胎肩；7—胎侧

表 2-1 胎面花纹

类型	花纹形状	花纹特性	适用条件	实例
条形花纹	花纹沿圆周连接在一起	(1) 低滚动阻力； (2) 优良的乘坐舒适性； (3) 防侧滑，转向稳定性优异； (4) 噪声低	铺装路面 高速	
横向花纹	横向切割的花纹	(1) 出色的驱动力和制动力； (2) 强大的牵引力	普通路面 非铺装路面	
混合花纹	横纹和纵纹相结合的花纹	(1) 纵纹提高转向稳定性，有助于防止侧滑； (2) 横纹改善了驱动力、制动力及牵引力	普通路面 非铺装路面	
越野花纹	由独立的块组成的花纹	(1) 出色的驱动力和制动力； (2) 在雪地和泥泞路面上具有良好的转向稳定性	普通路面 非铺装路面	

胎肩位于胎面与胎侧之间，胎肩处的橡胶最厚，因此，胎肩的设计必须允许轮胎在行驶过程中产生的热量容易扩散。

胎侧(轮胎的侧面)位于胎肩和胎圈之间,具有良好弹性的胎侧保护着胎体,并提升驾驶体验。轮胎的型号、尺寸、结构、模型、生产公司、产品名及各种特征都将在此进行说明。

(2)帘布层。帘布层是外胎的骨架,主要用于承受载荷,保持外胎的形状和尺寸,并使其具有足够的强度。按照帘布层帘线排列方式的不同,外胎可以分为斜交轮胎和子午线轮胎,如图 2-25 所示。子午线轮胎(radial)因胎体帘线与钢丝带束层帘线之间所形成的角度,就像地球的子午线一样而得名。斜交轮胎(bias)由胎体帘线层与层之间呈交叉排列而得名。

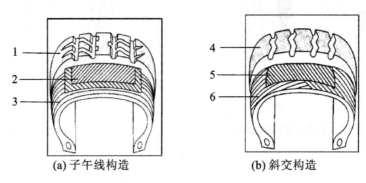

(a)子午线构造　　(b)斜交构造

图 2-25　子午线轮胎和斜交轮胎的结构

1、4—胎面;2—带束层;3、6—帘布层;5—缓冲层

(3)缓冲层或带束层(位于胎面与胎体之间)。缓冲层是位于胎面与胎体之间的一个帘布层,用以保护斜交轮胎的胎体。缓冲层可减少震动,能防止来自胎体对胎面的直接伤害,同时也能防止橡胶层与胎体之间的断裂。

(4)胎圈(直接和轮辋接触的部分)。胎圈把轮胎附在轮辋上,在接口处包覆帘布。胎圈由胎圈钢丝、胎圈、胎圈包布和其他零件组成。设计时一般要求胎圈紧凑地绕着轮辋,并保证万一气压突然膨胀时,轮胎也不会脱离轮辋。

3. 轮胎规格的表示方法

目前由于子午线轮胎比较普遍,下面以汽车子午线轮胎规格 195/55R15 85 V 为例进行说明,如图 2-26 所示。

图 2-26　轮胎的规格

(1) 195：胎面宽（毫米）；
(2) 55：扁平比（%）；
(3) R：子午线结构；
(4) 15：钢圈直径（英寸）；
(5) 85：荷重指数，即最大载荷质量。荷重指数为 85 的轮胎的最大载荷质量是 515 千克；
(6) V：速度等级，表示轮胎能行驶的最高车速。常见的速度等级及对应的最高车速如图 2-27 所示。

车速单位:km/h
L	M	N	P	Q	R	S	T	U	H	V	W	Y
120	130	140	150	160	170	190	180	200	210	240	270	300

图 2-27　速度等级及对应的最高车速

另外，轮胎侧面注有"△""-""□"等符号或注有"W""D"等文字，表示轮胎最轻的部分，安装内胎时，应将气门嘴对准该符号或文字安装，以使轮胎周围的重量平均，保持轮胎高速转动时平稳；箭头则表示有方向性的轮胎。安装时须按箭头所指的方向旋转安装。

4. 轮胎的选用

正确地选用轮胎是保证轮胎及整车性能的一个重要前提，为此，选择轮胎时应从以下几方面考虑。

(1) 原车配套的规格为首选。
(2) 使用条件：道路状况、气候条件等。
(3) 切记同一轴上不得混装下列轮胎（临时备胎除外）：不同类型的轮胎；不同规格或同规格不同轮辋的轮胎；不同胎体结构的轮胎。图 2-28 所示轮胎的选用就是不可以的。

图 2-28　轮胎的选用

5. 备胎的类型

汽车备胎分为全尺寸轮胎和非全尺寸轮胎两种，如图 2-29 所示。
全尺寸轮胎与原轮胎规格完全一致，可作为正常轮胎使用。

只显示不同点	1.4T 手动 舒适型 2013款	1.4T 自动 舒适型 2013款	1.4T 自动 豪华型 2013款	1.6L 手动 时尚型 2013款	1.6L 手动 舒适型 2013款
●标配 ○选配 - 无					
后悬挂类型	架	架	架	架	架
轮毂材料	铝合金	铝合金	铝合金	铝合金	铝合金
前轮胎规格	205/55 R16	205/55 R16	205/55 R16	195/65 R15	205/55 R16
后轮胎规格	205/55 R16	205/55 R16	205/55 R16	195/65 R15	205/55 R16
备胎类型	非全尺寸	非全尺寸	非全尺寸	全尺寸	非全尺寸

图 2-29 备胎类型

非全尺寸轮胎,即与原轮胎规格存在差异的小型备用轮胎,有的备胎与原轮胎直径相同,而宽度较窄,有的甚至比原轮胎窄一半,还有的备胎与原轮胎连直径都不相同,花纹、轮毂等均有差异。后一类情况无异于"大脚穿小鞋"。后一类在市场中占有相当大的比例,不能作为正常轮胎使用,且时速一般不得超过80千米。

四、实训任务1

1. 挑战任务:车轮动平衡检测

要求:学生能正确操作动平衡机对车轮平衡状况进行检测,并且根据监测结果安装合适重量的平衡块,使车轮平衡状况达到装车使用要求。

考核时限:40分钟。

2. 学生分组实训操作

(1) 全班40人分8个实训小组。

(2) 每个小组用一套设备,组长组织组员轮流按要求开展实训。

(3) 要求每组都按实训步骤进行操作。

3. 操作工单和评分标准

操作工单和评分标准请见附件1、附件2。

五、实训任务2

1. 挑战任务:车轮检查与换位

要求:学生能正确就车检查、拆卸和安装车轮,并对已经从车上拆下来的车轮进行检查和换位,主要检查车轮的安装情况、表面磨损情况和气密性,并能根据检测结果做出正确的维修结论。

考核时限:40分钟。

2. 学生分组实训操作

(1) 全班40人分8个实训小组。

(2) 每个小组用一套设备,组长组织组员轮流按要求开展实训。

(3) 要求每组都按实训步骤进行操作。

3. 操作工单和评分标准

操作工单和评分标准请见附件3、附件4。

附件1 "车轮动平衡检测"操作工单

要求学生能够在动平衡机上按照规范的动平衡检测程序完成车轮的动平衡检测工作,并完成操作工单的填写。

一、作业安全/5S

作业前,应根据项目要求做好各项准备工作。

二、车轮动平衡测试

作业要求:能正确、安全地操作动平衡机,对车轮进行动平衡测试。

(1) 清理、检查被测轮胎。

检查轮胎花纹深度为:_____mm;轮胎标准气压为:_____kg/cm^2。

(2) 轮胎安装。

(3) 选择正确测试方式。

(4) 采集、输入数据。

轮辋的直径为:_____in;

轮胎断面宽度为:_____in。

(5) 不平衡质量读取,并将测得值填写到表1中。

(6) 车轮动不平衡的调整,并将配重情况填写到表2中。

(7) 动平衡状况复查。

(8) 测试结束。

表1 车轮不平衡质量

车轮内侧不平衡质量/g	车轮外侧不平衡质量/g

表2 车轮平衡配重

车轮内侧平衡配重质量/g	车轮外侧平衡配重质量/g

附件2 "车轮动平衡检测"评分标准

序号	考核项目	配分	评分标准(每项累计扣分不超过配分)
1	安全文明一票否决		造成人身、设备重大事故,或恶意顶撞考官、严重扰乱考场秩序,立即终止考试,此项计0分
2	安全文明生产	20	(1) 不穿工作服扣12分、不穿工作鞋扣1分、不戴工作帽扣1分; (2) 油、水洒落在地面或零部件表面未及时清理,每次扣1分; (3) 垃圾未分类回收,每次扣1分; (4) 竣工后未清理工量具,每件扣1分; (5) 竣工后未清理考核场地,扣2分; (6) 不服从考官、出言不逊,每次扣3分
3	作业设备检查	4	(1) 作业前未对设备电源是否正常进行检查扣2分; (2) 未检查随机配套工具是否齐备扣2分
4	检测前工作	36	(1) 测试前拆卸所有的平衡块,未做扣4分; (2) 清除轮胎上所有的异物,未做扣4分; (3) 检查轮胎花纹深度、检查轮胎表面有无异常磨损、检查轮辋和轮盘是否变形和破损,未做扣4分; (4) 检查空气压力,并将轮胎调节至规定压力,未做扣4分; (5) 将轮胎安装到动平衡机上时不能根据车轮轮毂中心孔的大小正确选择适配器,每选错一次扣2分; (6) 未使用快速安装方法安装车轮扣1分; (7) 测试前未根据轮辋形式正确选择测试方式扣10分
5	车轮动平衡检测	37	(1) 采集轮辋边缘到测试机边缘的距离、轮辋的高度、轮胎断面宽度三个数据的方法不正确或数据错误,每个扣3分; (2) 输入上述三个数据的方法不正确,每个扣2分; (3) 错读车轮内、外侧不平衡质量扣5分; (4) 不能正确找出车轮不平衡质量位置扣5分; (5) 不能根据轮辋形式正确选取平衡块类型扣5分; (6) 安装平衡块的方法或位置不正确扣5分; (7) 未进行两次动平衡状况复查扣2分,只复查一次扣1分
6	检测结束工作	3	(1) 未关闭电源扣1分; (2) 车轮拆下后未放入轮胎架,扣1分; (3) 随机工具未归位扣1分
7	总计	100	

附件3 "车轮检查与换位"操作工单

一、作业安全/5S

作业前应根据项目要求,做好作业前的各项准备工作。

二、检查车轮及轮胎状态

作业要求:会使用维修手册,能用正确的方法维护车轮,并正确、规范地检查指定的项目。

(1) 车轮及轮胎表面质量检查。

(2) 检查车轮轴承摆动和转动状况。

(3) 轮胎磨损检查(将轮胎异常磨损情况和所测量的轮胎花纹深度值填写到表1中)。

(4) 轮胎胎压及气密性检查(将轮胎气压检查值填写到表2中)。

表1 轮胎异常磨损情况和轮胎花纹深度

被测轮胎	轮胎花纹深度/mm	轮胎异常磨损情况
左前轮胎		
左后轮胎		
右前轮胎		
右后轮胎		
备胎		

表2 轮胎气压检查值

被测轮胎	轮胎气压规定值	轮胎气压检查值
左前轮胎		
左后轮胎		
右前轮胎		
右后轮胎		
备胎		

三、车轮换位

作业要求:会使用维修手册,能用正确的方法进行车轮换位。

(1) 拆卸车轮。

(2) 车轮换位(查阅维修手册,确定车辆车轮换位方式)。

(3) 安装车轮(查阅维修手册,获取车轮螺母的规定扭矩为:_____ N·m)。

附件4 "车轮检查与换位"评分标准

考核项目	检修内容	评分项目	评分标准	配分
作业安全	安全文明作业	作业安全	(1) 出现工具和设备损伤、身体擦或碰等,酌情扣分; (2) 出现安全事故计0分	10
5S		5S与职业素养	(1) 着装不规范扣5分; (2) 作业中未及时清洁、整理工量具和打扫场地,扣5分	10
准备工作	作业前准备	铺设三件套、翼子板布等	每少铺设1件扣1分,扣完为止	5
检查车轮及轮胎状态	1. 车轮及轮胎表面质量检查	举升机使用正确	(1) 举升机摆臂顶举车辆的位置不正确扣2分; (2) 车辆举升离开地面后未检查车辆的稳定性,扣2分; (3) 举升高度不合适扣1分; (4) 举升完成后未上保险锁,该项不得分	5
		检查内容方法正确	(1) 检查轮胎是否有裂纹、割痕或其他损坏,未做扣4分; (2) 检查轮胎是否嵌入金属微粒、石子或其他异物,未做扣4分; (3) 检查轮辋和轮辐是否损坏、腐蚀或变形,平衡块是否脱落,未做扣4分	12
	2. 检查车轮轴承摆动和转动状况	检查方法正确	(1) 检查车轮轴承摆动状况(双手用力抓住轮胎上下摇动),未做扣5分,动作不到位扣2分; (2) 检查车轮轴承转动状况和噪声,未做扣5分	10
	3. 轮胎磨损检查	测量轮胎花纹深度	(1) 未选用深度规或游标卡尺扣1分; (2) 测量前未清洁量具扣1分; (3) 测量位置不正确扣1分; (4) 未对车辆所有轮胎(包括备)进行测量,每漏测一个扣1分	8

续表

考核项目	检修内容	评分项目	评分标准	配分
检查车轮及轮胎状态	3. 轮胎磨损检查	检查异常磨损	(1) 未对所有轮胎进行检查,每漏检一个轮胎扣1分; (2) 检查结果与轮胎的实际磨损状况不一致(根据考生操作工单评分),每错一项扣1分,扣完为止	10
	4. 轮胎胎压及气密性检查	检查方法正确	(1) 未对所有轮胎进行检查,每漏检一个扣1分; (2) 每漏检一项扣0.5分; (3) 气压表读数错误扣1分; (4) 检查气密性后未做清洁扣1分; (5) 不能正确获取轮胎气压规定值扣1分	6
车轮换位	1. 拆卸车轮	拆卸规范	(1) 未按对角顺序依次均匀松开轮胎螺母扣1分; (2) 使用气动扳手时,选错套筒(专用黑色套筒)扣2分; (3) 拆卸下的车轮未做位置记号,每漏一个轮胎扣1分; (4) 拆卸下的车轮未放入轮胎架扣1分	8
	2. 车轮换位	换位方法正确	(1) 未查阅维修手册确定换位方法扣2分; (2) 车轮换位错误该项不得分	10
	3. 安装车轮	安装规范	(1) 装车轮时手把持车轮辐条,扣1分; (2) 未按对角顺序依次均匀拧紧车轮螺母扣1分; (3) 不会查阅维修手册获取车轮螺母紧固力矩规定值扣2分; (4) 将车辆落地后,未按对角顺序依次以规定力矩紧固车轮螺母扣2分	6
总计				100

任务三　拆卸与安装真空轮胎

【学习目标】

(1) 正确使用轮胎拆装机。
(2) 掌握无内胎轮胎拆装的步骤与方法。
(3) 培养学生良好的工作习惯。

【学习重点】

(1) 正确使用轮胎拆装机。
(2) 掌握无内胎轮胎拆装的步骤与方法。

【学习难点】

(1) 正确使用轮胎拆装机。
(2) 掌握无内胎轮胎拆装的步骤与方法。

【学习准备】

轮胎拆装机、车轮摆放架、被拆装轮胎、气压表、气枪、工具车、维修手册、轮胎润滑剂、毛刷、肥皂水、清洁抹布。

一、轮胎拆装机组成

轮胎拆装机一般由气缸、工作转盘、加气枪、拆装机头、锁紧杠杆、撬棍、风压铲、压胎踏板、掌夹踏板、正反转踏板等组成。轮胎折装机的外形如图2-30所示。

二、操作前检查和调试

轮毂轴承过松或过紧必须立即修理,即调整轮毂轴承的预紧度。

(1) 检查轮胎拆装机的电源、气源、机械传动部分是否正常。

(2) 踩下和踩回掌夹踏板,检查工作转盘上的夹爪能否张开和闭合。

(3) 踩下和松开风压铲踏板,检查风压铲能否动作和复位。

(4) 踩下和上抬正反转踏板,检查工作转盘能否顺时针转动和逆时针转动。

图 2-30　轮胎拆装机的外形

(5) 检查锁紧杠杆是否锁紧垂直轴。

三、轮胎拆卸方法与步骤

(1) 放掉轮胎中的空气。
(2) 卸掉钢圈上的平衡块。
(3) 将轮胎置于风压铲和橡胶板之间,使风压铲置于钢圈边与轮胎之间,离钢圈边大约1 cm。然后踩风压铲踏板,使钢圈边与胎边分离。

注意:靠胎时,应使用毛刷在胎边涂上润滑油剂,否则拆胎时可能会造成胎边严重磨损。

(4) 锁定方式有两种(外锁定、内锁定)。
(5) 内锁定:将轮胎放在工作转盘上,而将踏板踩下,可锁住钢圈。
(6) 外锁定:踩下掌夹踏板,使四个夹爪张开,将轮胎放在夹爪上,踩回原位(这时要慢慢松开踏板直至锁紧钢圈为止)。
(7) 将垂直轴置于工作位置,使拆装机头靠近钢圈边,使拆装机头内锥滚离钢圈边大约有3 mm距离,避免划伤钢圈边,并用锁紧杠杆锁紧。
(8) 用撬棍将胎边撬到拆装机头上,撬棍不必抽出,点踩正反转踏板,让工作转盘顺时针转动,即可拆下轮胎,用同样的方法可以把轮胎的另一侧拆下。

注意:如拆胎受阻,应立即停止,用脚面上抬正反转踏板,让工作转盘逆时针转动,消除障碍。

四、轮胎安装方法与步骤

注意:安装轮胎之前,检查轮胎和钢圈尺寸是否相同。
(1) 先在轮胎内侧边缘涂上润滑脂。
(2) 将钢圈固定在工作转盘上。
(3) 将胎边置于拆装机头上,左端向上,同时压低胎侧,点踩正反转踏板,使工作转盘顺时针旋转直到胎边落入钢圈内。
(4) 用相同方法装另一侧。
(5) 松开锁紧杠杆,然后向外移动手臂即可。

五、轮胎充气注意事项

(1) 轮胎充气时一定要注意安全。
(2) 注意观察压力表,避免因气压过高而发生爆炸。
标准胎压可以在用户手册或驾驶室车门的纵梁标示上查询,如图2-31所示,胎压偏高、偏低都会造成轮胎的异常磨损,缩短轮胎的使用寿命。

六、实训任务

1. 挑战任务:拆卸和安装真空轮胎

要求:选用轿车真空轮胎一个,品牌不限。要求学生能正确地使用轮胎拆装机对钢圈和外胎进行拆卸与安装操作,并恢复其使用性能。主要考查学生对轮胎拆装机的正确使用,并

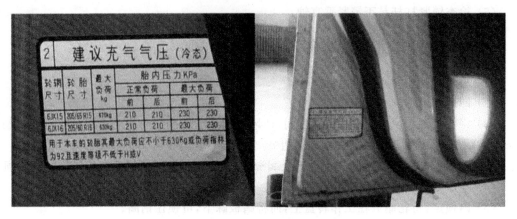

图 2-31 标准胎压

涉及轮胎外观和气密性检查,以及对轮胎动平衡检查的掌握情况。

2. 学生分组实训操作

(1) 全班 40 人分 8 个实训小组。

(2) 每个小组用一套设备,组长组织组员轮流按要求开展实训。

(3) 要求每组都按实训步骤进行操作。

3. 操作工单和评分标准

操作工单和评分标准请见附件 1、附件 2。

附件1 "拆卸和安装真空轮胎"操作工单

要求学生能正确地使用轮胎拆装机对轮胎进行拆卸与安装操作,并恢复其使用性能。时限:30分钟。

1. 预检、清洁
(1) 检查轮胎折装机的气源、电源。
(2) 清洁轮胎。
2. 拆卸
(1) 放气。
(2) 预压外胎,使其与钢圈完全脱开。
(3) 将轮胎固定在工作转盘上。
(4) 调整拆胎头位置并锁紧。
(5) 在钢圈与外胎边涂润滑脂。
(6) 用撬棍调整外胎与拆胎头位置。
(7) 旋转工作转盘,将外胎一侧从钢圈内撬出。
(8) 调整外胎位置。
(9) 旋转工作转盘,将使外胎另一侧从钢圈内撬出。
3. 安装
(1) 固定轮毂于工作转盘上。
(2) 将外胎倾斜压入轮毂。
(3) 调整拆胎头位置并锁紧。
(4) 在钢圈与外胎边涂润滑脂。
(5) 调整外胎与拆胎头位置(与拆卸时相反)。
(6) 顺时针旋转工作转盘,将外胎一侧压入轮毂。
(7) 用力将外胎另一侧2/3压入轮毂。
(8) 调整外胎与拆胎头的位置(与拆卸时相反)。
(9) 顺时针旋转工作转盘,将外胎另一侧压入轮毂。
4. 充气
(1) 用高压充气筒冲压外胎,使其与轮毂外边贴合。
(2) 用气压表加到标准胎压。
5. 复查
(1) 漏气检查。
(2) 清洁轮胎。
(3) 动平衡检查(口述)。

附件2 "拆卸和安装真空轮胎"评分标准

序号	考核项目	配分	评分标准(每项累计扣分不超过配分)
1	安全文明一票否决		造成人身、设备重大事故,或恶意顶撞考官、严重扰乱考场秩序,立即终止考试,此项计0分
2	安全文明生产	20	(1) 不穿工作服扣1分、不穿工作鞋扣1分、不戴工作帽扣1分; (2) 油、水洒落在地面或零部件表面未及时清理,每次扣1分; (3) 垃圾未分类回收,每次扣1分; (4) 竣工后未清理工量具,每件扣1分; (5) 竣工后未清理考核场地,扣2分; (6) 不服从考官、出言不逊,每次扣3分
3	预检清洁轮胎	5	(1) 未检查设备气源、电源是否接好扣2分; (2) 未检查轮胎钢圈是否变形、开裂扣2分; (3) 未清洁轮胎扣2分
4	放气	5	(1) 损坏气门芯该项计0分; (2) 工具使用不合理扣2分; (3) 气未放完就拆卸该项计0分
5	拆卸	30	(1) 未预压外胎使其与钢圈完全脱开直接进行下一步扣2分; (2) 预压位置错误扣2分; (3) 未预压到位扣2分; (4) 预压操作时刮伤轮毂扣2分; (5) 对设备开关使用不熟悉扣2分; (6) 轮胎固定位置倾斜扣2分; (7) 拆胎头放置位置不合理扣2分; (8) 未锁紧固定拆胎头扣2分; (9) 未在钢圈与外胎边涂润滑脂扣2分; (10) 拆卸过程损坏外胎或轮毂酌情扣分; (11) 拆卸方法完全错误扣10分
6	安装	30	(1) 轮胎固定位置倾斜扣2分; (2) 拆胎头放置位置不合理扣5分; (3) 未锁紧固定拆胎头扣2分; (4) 未在钢圈与外胎边涂润滑脂扣2分; (5) 拆卸过程损坏外胎或轮毂酌情扣分; (6) 安装方法完全错误扣10分
7	充气	5	(1) 加气前未使用高压充气筒冲压外胎使其与轮毂外边贴合扣2分; (2) 未充到标准胎压扣2分
8	复查	5	(1) 未对轮胎进行漏气检查扣2分; (2) 未对轮胎进行清洁扣2分; (3) 未对轮胎进行动平衡检查(口述)扣3分
9	总计	100	

任务四 汽车悬架系统的构造与维修

【学习目标】

(1) 了解汽车悬架系统的作用、分类和结构。
(2) 熟悉麦弗逊式独立悬架下摆臂及球节总成更换方法。
(3) 掌握前悬架弹簧与减振器组件拆装与检查。

【学习重点】

(1) 汽车悬架系统的结构。
(2) 麦弗逊式独立悬架下摆臂及球节总成更换。
(3) 前悬架弹簧与减振器组件拆装与检查。

【学习难点】

(1) 麦弗逊式独立悬架下摆臂及球节总成更换。
(2) 前悬架弹簧与减振器组件拆装与检查。

【学习准备】

下悬臂球节拉拔器、横拉杆外球节拉拔器、悬架弹簧压缩工具、前悬架弹簧与减振器组件、扭力扳手、多用途润滑脂、手电筒、工具车、汽车、记号笔、毛刷、维修手册、清洁抹布等。

悬架是车架(或承载式车身)与车桥(或车轮)之间的一切传力连接装置的总称。其功用是传递作用在车轮和车架之间的力和力矩,并且缓冲由不平路面传给车架或车身的冲击力,并衰减由此引起的振动,以保证汽车能平顺地行驶。汽车悬架系统一般由弹性元件、减振器和导向机构等组成。

汽车悬架可分为两大类:非独立悬架和独立悬架。

一、弹性元件

弹性元件必须具有良好的弹性、适宜的刚度,除了起缓冲作用外,还可传递力和力矩,以及起导向作用。汽车悬架系统中采用的弹性元件主要有钢板弹簧、螺旋弹簧、扭杆弹簧、气体弹簧和橡胶弹簧等。

1. 钢板弹簧

钢板弹簧是汽车悬架中应用最广泛的一种弹性元件,它是由若干片等宽但不等长(厚度可以相等,也可以不相等)的合金弹簧片组合而成的一根近似等强度的弹性梁,其一般构造如图 2-32 所示。

钢板弹簧 3 的第一片(最长的一片)称为主片,其两端弯成卷耳 1,内装青铜或塑料、橡

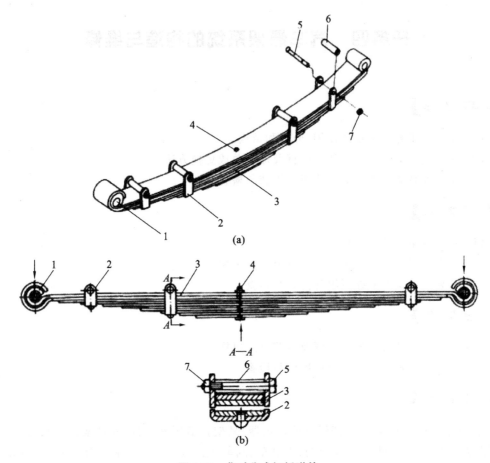

图 2-32 非对称式钢板弹簧
1—卷耳；2—弹簧夹；3—钢板弹簧；4—中心螺栓；5—螺栓；6—套筒；7—螺母

胶、粉末冶金制成的衬套，以便用弹簧销与固定在车架上的支架或吊耳作铰链连接。钢板弹簧的中部一般用 U 形螺栓固定在车桥上。

中心螺栓 4 用以连接各弹簧片，并保证装配时各片的相对位置。中心螺栓距两端卷耳中心的距离可以相等（称为对称式钢板弹簧），也可以不相等（称为非对称式钢板弹簧，如图 2-32 所示）。

2．螺旋弹簧

螺旋弹簧广泛地应用于独立悬架，特别是前轮独立悬架中。然而在有些轿车的后轮非独立悬架中，其弹性元件也采用螺旋弹簧（见图 2-33）。螺旋弹簧与钢板弹簧比较，具有以下优点：无须润滑，不忌泥污；安置它所需的纵向空间不大；弹簧本身质量小。

螺旋弹簧本身没有减振作用，因此在应用螺旋弹簧的悬架中必须另装减振器。此外，螺旋弹簧只能承受垂直载荷，故必须装设导向机构以传递垂直力以外的各种力和力矩。螺旋弹簧用弹簧钢棒料卷制而成，可做成等螺距或变螺距。前者的刚度不变，后者的刚度是可变的。

3．扭杆弹簧

扭杆弹簧本身是一根由弹簧钢形制成的杆（见图 2-34）。扭杆断面通常为圆形，少数为矩形或管形。其两端可以做成花键形、方形、六角形或带平面的圆柱形等，以便一端固定在车架上,另一端固定在悬架的摆臂上。摆臂则与车轮相连。当车轮跳动时,摆臂便绕着扭杆轴线摆动,使扭杆产生扭转弹性变形,借以保证车轮与车架的弹性联系。有的扭杆由一些矩形断面的薄条(扭片)组合而成,这样,弹簧更为柔软。

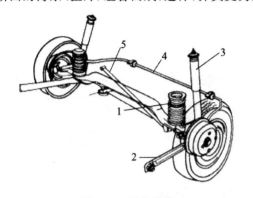

图 2-33 螺旋弹簧
1—弹性元件;2—纵向推力杆;3—减振器;
4—横向稳定杆;5—横向推力杆

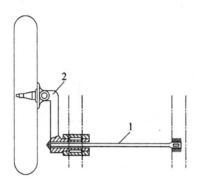

图 2-34 扭杆弹簧
1—扭杆;2—摆臂

4. 气体弹簧

气体弹簧有空气弹簧和油气弹簧两种。

空气弹簧质量小,寿命长,一旦漏气弹簧失效,与钢板弹簧比较占用汽车横向方向尺寸多,因此布置困难。空气弹簧只能承受垂直载荷,因此选用空气弹簧作为弹性元件,悬架还必须装减振器、导向机构等。空气弹簧如图 2-35 所示。其中图 2-35(a)、(b)所示为囊式空气弹簧,图 2-35(c)、(d)所示为膜式空气弹簧。

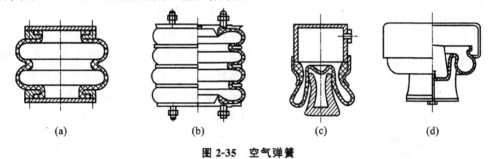

图 2-35 空气弹簧

油气弹簧由气体、油气隔膜、油液、工作缸、活塞等组成,分为油气分隔式和油气不分隔式两种,如图 2-36 所示。

油气弹簧的特点是具有变刚度特性,兼起减振器的作用,用于载货质量较大的商用货车上时体积与质量比钢板弹簧的小。但一旦漏气或漏油将失去作用,所以对密封要求高。油气弹簧只能承受垂直载荷,故选用油气弹簧作弹性元件的悬架还必须装置导向机构。油气弹簧主要应用于载货质量较大的商用货车和自卸车上。

5. 橡胶弹簧

由橡胶制成。为增加弹簧行程,常将它做成中空状。橡胶弹簧具有隔声、工作无噪声、不需要润滑和变刚度等优点。但有易老化、怕油污和行程小,以及只能承受压缩和扭转载荷(见图 2-37)等缺点。橡胶弹簧主要用于做副簧和缓冲块。

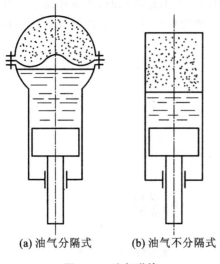

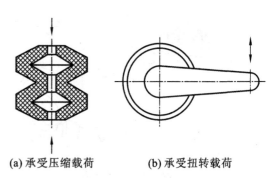

(a) 油气分隔式　　(b) 油气不分隔式　　(a) 承受压缩载荷　　(b) 承受扭转载荷

图 2-36　油气弹簧　　　　　　　　图 2-37　橡胶弹簧

二、减振器

减振器,是为加速车架与车身振动的衰减,以改善汽车的行驶平顺性(舒适性)的器具,大多数汽车的悬架系统内部装有减振器。按作用原理,减振器可分为双向作用式和单向作用式。

图 2-38 所示为双向作用式减振器。一般由 4 个阀,3 个缸筒、2 个吊耳和 1 个活塞及 1 根活塞杆等组成。缸筒 10 是防尘罩。缸筒 5 为储油缸,内装部分油液,其下端通过与底座焊接在一起的吊耳与车桥相连。缸筒 2 为工作缸,其内装满油液,上端密封。活塞杆 1 的上端与防尘罩 10 和吊耳焊为一体并固定到车架上,下端装有活塞 3。活塞将工作缸分为上、下两腔。活塞上有伸张阀 4 和流通阀 8。工作缸下部的支座上装有压缩阀 6 和补偿阀 7。流通阀和补偿阀的弹簧较软,较低的油压即可使其关闭或开启。压缩阀和伸张阀的弹簧较硬,需要较大的油压才能开启,油压稍降低立刻关闭。

其工作原理是,当车架与车桥作往复相对运动,而活塞在缸筒内往复移动时,减振器内的油液在通过阀上窄小的孔隙在两相互隔离的内腔间往复流动,孔壁与油液间的摩擦及液体分子的内摩擦形成了阻尼力,从而将车身振动的机械能转化为热能并被油液和壳体吸收,然后散入大气。阻尼力与通过油液通道的截面积、阀门弹簧刚度及油液的黏度有关。

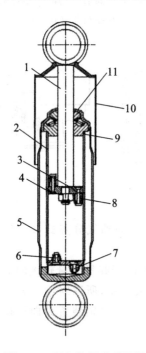

图 2-38　双向作用式减振器
1—活塞杆;2—工作缸;3—活塞;4—伸张阀;
5—储油缸;6—压缩阀;7—补偿阀;8—流通阀;
9—导向座;10—防尘罩;11—油封

车轮上跳时,减振器受压缩,活塞相对缸筒下移,于是工作缸下腔容积减小,油压升高,油液经流通阀流入工作缸的上腔。由于上腔被活塞杆占去一部分空间,上腔增加的容积小于下腔减小的容积,故还有一部分油液推开压缩阀,流回储油缸5,这些阀对油液的节流作用便形成对悬架压缩运动的阻尼力。车轮下落时,减振器受拉伸,活塞相对缸筒上移,于是工作缸上腔油压升高,流通阀关闭,油液推开伸张阀流入工作缸的下腔。同样,由于活塞杆的存在,自上腔流入下腔的油液不足以充满下腔增加的容积,在下腔产生一定的真空度,这时储油缸中的油液推开补偿阀流入下腔进行补充。此过程阀的节流作用形成对悬架伸张运动的阻尼力。

三、独立悬架

大多数轿车的前、后悬架都采用了独立悬架的形式。按其结构形式的不同,独立悬架可分为麦弗逊式、烛式、横臂式、纵臂式、多连杆式等。

1. 麦弗逊式独立悬架

麦弗逊式独立悬架是当今世界用得最广泛的轿车前悬架之一。麦弗逊式独立悬架由螺旋弹簧、减振器、下摆臂组成,如图 2-39 所示,绝大部分车型还会加上横向稳定杆。简单来说它就是将螺旋弹簧套在减振器上组成的,减振器可以避免螺旋弹簧受力时向前、后、左、右偏移的现象,限制弹簧只能作上、下方向的振动。调节减振器的行程长短及松紧度,可以调节悬架的软硬度及性能。

如图 2-40 所示,麦弗逊式独立悬架结构简单,所以它轻量、响应速度快,并且在一个下摇臂和支柱的几何结构下能自动调整车轮外倾角,让其能在转弯时自适应路面,让轮胎的接地面积最大化,虽然麦弗逊式独立悬架并不是技术含量很高的悬架结构,但麦弗逊式独立悬架在行车舒适性上的表现还是令人满意的,不过由于其构造为直筒式,对左、右方向的冲击缺乏阻挡力,抗刹车点头作用较差,悬架刚度较弱,稳定性差,转弯侧倾明显。

由于占用空间小,麦弗逊式独立悬架适合小型车以及大部分中型车使用,国内常见的广州本田飞度、东风标致307、一汽丰田卡罗拉、上海通用君越、一汽大众迈腾等前悬架均采用了麦弗逊式独立悬架。

图 2-39 麦弗逊式独立悬架示意图
1—螺旋弹簧;2—减振器;3—A 字形下控制臂(下摆臂)

图 2-40 典型的麦弗逊式独立悬架

2. 烛式独立悬架

烛式独立悬架（见图2-41）是一种利于汽车的转向操纵稳定和行驶稳定的配件。烛式独立悬架最大的特点是主销与车架刚性连接，螺旋弹簧减振器安装在主销上，汽车行驶过程中，车轮连同主销、套筒沿主销轴线的方向上下移动，弹簧减振器起减振作用，承受来自车轮竖直方向的冲击载荷，主销则起导向作用，同时也承受来自车轮的纵向、横向的冲击载荷，当悬架系统变形时，主销后倾角不会变化，仅轮距和轴距稍有变化。

3. 横臂式独立悬架

横臂式独立悬架是指车轮在汽车横向平面内摆动的独立悬架，按横臂数量的多少又分为双横臂式和单横臂式。单横臂式具有结构简单、侧倾中心高、有较强的抗侧倾能力的优点。但随着现代汽车速度的提高，侧倾中心过高会引起车轮跳动时轮距变化大，轮胎磨损加剧，而且在急转弯时左、右车轮垂直力转移过大，导致后轮外倾增大，降低了后轮侧偏刚度，从而产生高速甩尾的严重事故。

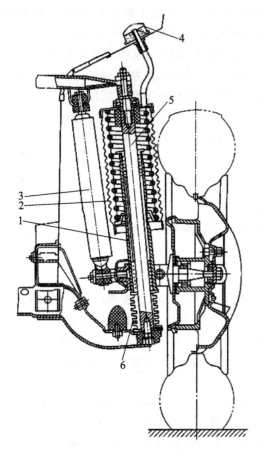

图2-41 烛式独立悬架
1—通气管；2—减振器；3—套筒；4、6—防尘罩；5—主销

单横臂式独立悬架多应用在后悬架上，但由于不能适应高速行驶的要求，目前应用不多。双横臂式独立悬架按上、下横臂是否等长，又分为等长双横臂式和不等长双横臂式两种。等长双横臂式独立悬架在车轮上下跳动时，能保持主销倾角不变，但轮距变化大（与单横臂式相类似），造成轮胎磨损严重，现已很少用。对于不等长双横臂式独立悬架，只要适当选择、优化上、下横臂的长度，并进行合理的布置，就可以使轮距及前轮定位参数变化均在可接受的限定范围内，保证汽车具有良好的行驶稳定性。目前不等长双横臂式独立悬架已广泛应用在轿车的前、后悬架上，部分运动型轿车及赛车的后轮也采用这一悬架结构，其结构示意图如图2-42所示。

4. 纵臂式独立悬架

纵臂式独立悬架是指车轮在汽车纵向平面内摆动的独立悬架，又分为单纵臂式和双纵臂式两种。

图2-42 不等长双横臂式独立悬架结构示意图

单纵臂式独立悬架当车轮上下跳动时会使主销后倾角产生较大的变化,具有占用的横向和纵向空间小、轮距不随车轮跳动而变化、结构简单、成本低等优点,主要应用于后悬架。双纵臂式独立悬架的两个纵臂一般做成等长的,形成一个平行四杆结构,这样,当车轮上下跳动时主销的后倾角保持不变。双纵臂式独立悬架多应用在转向轮上。

5. 多连杆式独立悬架

多连杆式独立悬架(见图 2-43 和图 2-44)可分为多连杆前悬架和多连杆后悬架。其中多连杆前悬架一般为 3 连杆或 4 连杆式独立悬架;后悬架则一般为 4 连杆或 5 连杆式后悬架,其中 5 连杆式后悬架应用较为广泛。

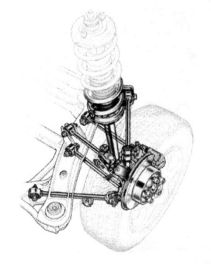

图 2-43 多连杆式独立悬架结构示意图

图 2-44 典型的多连杆式独立悬架结构图
1—上前控制臂;2—上后控制臂;3—转向拉杆

多连杆式独立悬架结构相对复杂,材料成本、研发实验成本以及制造成本远高于其他类型的悬架,而且其占用空间大,中小型车出于成本和空间考虑极少使用这种悬架。

但多连杆式独立悬架舒适性是所有悬架中最好的,操控性能也和双叉臂式悬架难分伯仲,高档轿车由于空间充裕且注重舒适性和操控稳定性,所以大多使用多连杆式独立悬架,可以说多连杆式悬架是高档轿车的绝佳选择。

国内前、后悬架均采用多连杆式的车型有北京奔驰 E 级轿车、华晨宝马的 3 系及 5 系轿车、一汽大众奥迪 A4 及 A6L,采用多连杆式前悬架的车型是上海大众的帕萨特,采用多连杆式后悬架的有长安福特福克斯、一汽大众速腾、广州本田雅阁、上海通用君越、一汽丰田皇冠及锐志、一汽马自达 6、东南汽车三菱戈蓝等。

四、非独立悬架

非独立悬架系统的结构特点是两侧车轮由一根整体式车架相连,车轮连同车桥一起通过弹性悬架系统悬架在车架或车身的下面。非独立悬架系统具有结构简单、成本低、强度高、保养容易、行车中前轮定位变化小的优点,但由于其舒适性及操纵稳定性都相对较差,在现代轿车中只有成本控制比较严格的车型才会使用,更多地用于货车和大客车上。

汽车非独立悬架主要有平行钢板弹簧式和连杆螺旋弹簧式两种。

1. 平行钢板弹簧式非独立悬架

平行钢板弹簧式非独立悬架是一种应用最普通的非独立悬架,用两个U形螺栓将钢板弹簧固定在装有左、右车轮车轴的桥壳上,如图2-45所示。用钢板弹簧连接车桥与车身或车架,若弹簧过软,会因驱动力和制动力过大而引起钢板弹簧的卷曲以及车轮的弹跳现象。

图2-45 平行钢板弹簧式非独立悬架

2. 连杆螺旋弹簧式非独立悬架

连杆螺旋弹簧式非独立式悬架提高了乘坐舒适性,大多用于前置后驱动汽车的后轮悬架装置中,如图2-46所示。

图2-46 连杆螺旋弹簧式非独立悬架

平板钢板弹簧式非独立悬架装置容易因弹簧卷曲而引起车轮回振,所以不能使用软弹簧。但若只采用纵置的螺旋弹簧,又不能够满足支承桥壳的刚性要求,因此,用连杆或支杆支承桥的前、后、左、右受载荷的部位,只有上、下方向是可动的,并在中间加入螺旋弹簧支承,经过这种改进,便出现了4连杆螺旋弹簧式悬架装置。

五、实训任务1

1. 挑战任务:前悬架弹簧与减振器组件拆装与检查

要求:学生能离车检查前悬架弹簧与减振器组件的各项技术指标。会使用悬架弹簧拆装工具,能够参照维修手册正确分解前悬架弹簧与减振器组件,检查弹簧及减振器的技术状况,并完成操作工单的填写。

考核时限:40分钟。

2. 学生分组实训操作

(1) 全班 40 人分 8 个实训小组。

(2) 每个小组用一套设备,组长组织组员轮流按要求开展实训。

(3) 要求每组都按实训步骤进行操作。

3. 操作工单和评分标准

操作工单和评分标准请见附件1、附件2。

六、实训任务 2

1. 挑战任务:更换麦弗逊式独立悬架下摆臂及球节总成

要求:选择前悬架为麦弗逊式独立悬架的轿车,要求有对应的维修手册或指导书,更换麦弗逊式独立悬架下摆臂及球节总成(左、右任选一侧),车型不限。主要考查学生对下摆臂及球节总成拆装流程的正确掌握,并涉及总成外部零件的检查。

考核时限:40分钟。

2. 学生分组实训操作

(1) 全班 40 人分 8 个实训小组。

(2) 每个小组用一套设备,组长组织组员轮流按要求开展实训。

(3) 要求每组都按实训步骤进行操作。

3. 操作工单和评分标准

操作工单和评分标准请见附件3、附件4。

附件1 "前悬架弹簧与减振器组件拆装与检查"操作工单

一、作业安全/5S
作业前,应根据项目要求做好各项准备工作。
二、分解前悬架弹簧与减振器组件
作业要求:会使用维修手册,能用正确的方法分解前悬架弹簧与减振器组件。
(1) 将减振器总成固定到台钳上或专用拆卸台架上。
(2) 用悬架弹簧压缩工具压缩弹簧。
(3) 拆卸防尘罩和活塞杆螺母。
(4) 拆卸支架、防尘罩油封、上弹簧座、上弹簧隔垫。
(5) 松开弹簧,拆卸弹簧和弹簧缓冲垫。
三、检查减振器
作业要求:会使用维修手册,能用正确的方法检查减振器。
(1) 检查减振器阻尼力和异响情况,并将检查结果填入表1中。
(2) 检查减振器漏油情况,并将检查结果填入表1中。

表1 减振器检查情况

检查项目	检查结果
阻尼力和异响情况	
漏油情况	

四、安装前悬架弹簧与减振器组件
作业要求:会使用维修手册,能用正确的方法分解前悬架弹簧与减振器总成。
(1) 安装弹簧缓冲垫将减振器总成固定到台钳上或专用拆卸台架上。
(2) 用悬架弹簧压缩工具压缩弹簧,将其装入减振器下支座中。
(3) 安装上弹簧隔垫、上弹簧座、防尘罩油封和支架。
(4) 安装活塞杆螺母,并按规定力矩紧固。
紧固力矩(查维修手册)为_____N·m。
(5) 拆卸悬架弹簧压缩工具,在悬架支架上涂多用途润滑脂,装上防尘罩。
五、维修结论
根据以上检查做出正确的维修结论(零件的可用性和维修建议,需说明理由):

附件2 "前悬架弹簧与减振器组件拆装与检查"评分标准

序号	考核项目	配分	评分标准（每项累计扣分不超过配分）
1	安全文明一票否决		造成人身、设备重大事故，或恶意顶撞考官、严重扰乱考场秩序，立即终止考试，此项计0分
2	安全文明生产	20	（1）不穿工作服扣1分，不穿工作鞋扣1分，不戴工作帽扣1分； （2）油、水洒落在地面或零部件表面未及时清理，每次扣1分； （3）垃圾未分类回收，每次扣1分； （4）竣工后未清理工量具，每件扣1分； （5）竣工后未清理考核场地，扣2分； （6）不服从考官、出言不逊，每次扣3分
3	维修手册使用	5	参阅维修手册确定所需规定标准值。根据操作工单填写情况对维修手册使用进行评分
4	分解前悬架弹簧减振器总成	30	（1）在减振器下侧的支架上安装两个螺母和一个螺栓，并将其安装到台钳上（或将减振器总成固定到悬架弹簧压缩工具上，保证挂钩正确支承在支柱弹簧上）； （2）用悬架弹簧压缩工具压缩前螺旋弹簧； （3）拆卸前悬架支架防尘罩； （4）拆卸减振器上方螺母后拆下前支架； （5）拆卸支架防尘罩油封、上弹簧座、上弹簧隔垫； （6）松开弹簧； （7）拆卸弹簧和弹簧缓冲垫。 上述操作，每做错一步扣4分，操作不规范扣10分
5	检查减振器	10	（1）检查减振器技术状况：反复压缩和拉伸减振器活塞杆，检查操作过程中有无异常阻力和不正常响声，并记录检查结果。不会操作扣5分，操作不规范扣2分； （2）检查减振器是否漏油，并记录检查结果，不会检查扣5分
6	安装前悬架弹簧减振器总成	30	（1）安装下弹簧缓冲垫； （2）用悬架弹簧压缩工具压缩前螺旋弹簧，把螺旋弹簧装入减振器下支座中（注意，应将螺旋弹簧下端紧固到弹簧下支座缺口内）； （3）安装上弹簧隔垫（注意带记号处朝向车辆外侧）； （4）安装上弹簧座（注意带记号处朝向车辆外侧）； （5）安装支架防尘罩油封、前悬架支架； （6）安装减振器活塞杆螺母，按规定力矩紧固（规定力矩查阅维修手册。参考：威驰车为33 N·m）； （7）拆卸悬架弹簧压缩工具，在悬架支架上涂上多用途润滑脂，装上防尘罩。 上述操作，每做错一步扣4分，操作不规范扣10分
7	维修结论	5	根据考生操作工单评分
9	总计	100	

附件3 "更换麦弗逊式独立悬架下摆臂及球节总成"操作工单

一、作业前准备工作
(1) 安装座椅套。
(2) 安装地板垫。
(3) 安装方向盘套。
(4) 安装翼子板布。
(5) 安装前格栅布。
(6) 安放举升臂并举升车辆。

二、分解
(1) 拆卸车轮。
(2) 拆卸横向稳定杆、稳定连接杆、下摆臂连接螺栓。
(3) 拆卸转向横拉杆外球节锁止螺母。
(4) 使用SST分离转向横拉杆外球节。
(5) 拆卸下摆臂球节锁止螺母。
(6) 使用SST分离下摆臂球节。
(7) 拆卸下摆臂与前副车架固定螺栓。
(8) 取下下摆臂及球节总成。

三、检查

检查球节	磨损:是/否
检查胶套	损坏:是/否
检查下摆臂是否变形	损坏:是/否

四、安装
(1) 装上下摆臂及球节总成。
(2) 安装下摆臂与前副车架固定螺栓。
(3) 安装下摆臂球节。
(4) 安装下摆臂球节锁止螺母。
(5) 安装转向横拉杆外球节。
(6) 安装转向横拉杆外球节锁止螺母。
(7) 安装横向稳定杆、稳定连接杆与下摆臂连接螺栓。
(8) 安装车轮。

五、复查
检查安装情况。

六、车辆恢复
(1) 恢复/清洁。
(2) 拆卸翼子板布和前盖。
(3) 拆卸方向盘套、地板垫和座椅套。

附件4 "更换麦弗逊式独立悬架下摆臂及球节总成"评分标准

序号	考核项目	检修内容	配分	评分标准（每项累计扣分不超过配分）
1	作业安全/5S	场地内考核设备、零件总成	5	每少准备一件扣1分,扣完为止
		准备好所需工量具及耗材	5	未准备直接扣完
		工量具、场地清洁	5	每次扣1分,扣完为止
2	工量具使用	工量具选用是否合理	5	选用不合理酌情扣分
		工量具使用是否规范	5	使用不规范酌情扣分
3	维修手册使用	检修前翻至相关页面	5	检修前未进行维修手册查询者每次扣2分,扣完为止
4	分解	拆卸车轮	3	未做或未报,计0分
		拆卸横向稳定杆、稳定连接杆、下摆臂连接螺栓	3	未做或未报,计0分
		拆卸转向横拉杆外球节锁止螺母	3	未做或未报,计0分
		使用SST分离转向横拉杆外球节	5	未做或未报,计0分
		拆卸下摆臂球节锁止螺母	3	未做或未报,计0分
		使用SST分离下摆臂球节	5	未做或未报,计0分
		拆卸下摆臂与前副车架固定螺栓	3	未做或未报,计0分
		取下下摆臂及球节总成	3	未做或未报,计0分
5	检查	检查球节	4	未做或未报,计0分
		检查胶套	4	未做或未报,计0分
		检查下摆臂是否变形	4	未做或未报,计0分
6	安装	装上下摆臂及球节总成	3	未做或未报,计0分
		安装下摆臂与前副车架固定螺栓	3	未做或未报,计0分
		安装下摆臂球节	3	未做或未报,计0分
		安装下摆臂球节锁止螺母	3	未做或未报,计0分
		安装转向横拉杆外球节	3	未做或未报,计0分
		安装转向横拉杆外球节锁止螺母	3	未做或未报,计0分
		安装横向稳定杆、稳定连接杆、下摆臂连接螺栓	3	未做或未报,计0分
7	复查	检查安装情况	4	未做或未报,计0分
8	操作工单填写	检查检测步骤完成情况及检修结果填写情况	5	操作工单填写情况酌情计分
9	总分		100	

项目三 转向系统

【学习目标】

(1) 了解机械转向系统基本组成和工作原理。
(2) 了解转向操纵机构的组成和工作原理。
(3) 掌握转向器的拆装、调整与检修。
(4) 掌握转向传动机构的维护、故障诊断与排除。
(5) 掌握液压动力转向系统的故障诊断。

一、汽车转向系统的功用、分类与组成

1. 功用

保证汽车按驾驶员的意志进行转向和正常行驶。

2. 分类与组成

按转向动力源的不同分为两大类。

1) 机械转向系统

以驾驶员体力作为转向能源。所有传力件是机械零件。主要由转向操纵机构、转向器、转向传动机构组成,具体结构如图 3-1 所示。

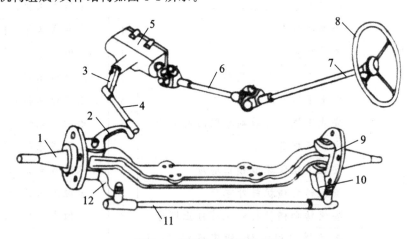

图 3-1 机械转向系统的结构

1—转向节;2—转向节臂;3—转向摇臂;4—直拉杆;5—转向器;6—传动轴;
7—转向轴;8—方向盘;9—转向节;10、12—梯形臂;11—横拉杆

2) 动力转向系统

除驾驶员的体力外,还以其他动力作为转向能源。又可以分为液压式、气压式和电动式

的动力转向系统。其中,液压式动力转向系统的基本组成如图 3-2 所示,它主要包括转向储油罐、转向油泵、转向控制阀、转向动力缸等。

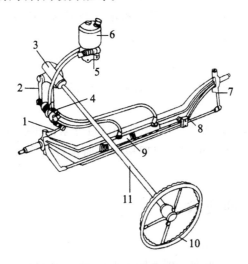

图 3-2　液压式动力转向系统的结构

1—转向节臂;2—转向摇臂;3—机械转向器;4—转向控制阀;5—转向油泵;
6—转向储油罐;7—梯形臂;8—转向横拉杆;9—转向动力缸;10—方向盘;11—转向轴

二、转向理论和转向系统参数

1. 转向时车轮运动规律

汽车在转向时,要求车轮相对于地面作纯滚动。汽车转向时,内侧车轮和外侧车轮滚过的距离是不等的。为了降低汽车转向时车轮的磨损,希望转向时每个车轮都作纯滚动,即要求所有车轮的轴线都相交于一点,此交点 O 称为汽车的转向中心,如图 3-3 所示。汽车内轮转角 β 大于外轮转角 α。α 与 β 之间的关系如下:

$$\cot\alpha = \cot\beta + \frac{B}{L}$$

式中:B——两侧主销中心距(可近似认为是转向轮轮距);

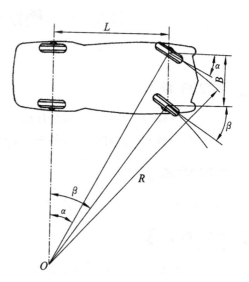

图 3-3　汽车转向示意图

L——汽车轴距。

这一关系是由转向梯形保证的。从转向中心 O 到外侧转向轮与地面接触点的距离 R 称转弯半径。当外侧转向轮偏转角达到最大时,转弯半径 R 最小。转弯半径越小,则汽车转向需要的场地就越小,汽车的机动性也越好。

2. 转向系统的角传动比

转向系统角传动比是指方向盘转角增量与同侧的转向节的转角增量之比,一般用 i_ω 表示。转向系统角传动比是转向器角传动比 i_1 与转向传动机构角传动比 i_2 的乘积。转向器角

传动比 i_1 是方向盘转角增量与转向摇臂转角增量之比;转向传动机构角传动比 i_2 是转向摇臂转角增量与同侧的转向节的转角增量之比。转向器角传动比越大,转动方向盘所需要的操纵力就越小,转向越省力,但转向操纵的灵敏度就会下降。所以转向系统角传动比既要保证转向轻便,又要保证转向灵敏。

3. 方向盘的自由行程

方向盘空转阶段的角行程,称为方向盘的自由行程。这主要是由于转向系统中传动件之间存在装配间隙和弹性变形所引起的。

方向盘自由行程可缓和路面冲击,避免驾驶员过分紧张和疲劳,但方向盘自由行程过大会降低转向灵敏度,所以汽车维护中应定期检查方向盘自由行程,一般应不超过 $10°\sim15°$,否则应进行调整。

三、对转向系统的要求

(1) 要求工作可靠,操纵轻便。
(2) 转向系统还应能缓和地面传到方向盘上的冲击,并保持适当的"路感"。
(3) 当汽车发生碰撞时,转向系统应能减轻或避免对驾驶员的伤害。

◀ 任务一　更换转向横拉杆防尘罩 ▶

【学习目标】

(1) 了解转向横拉杆防尘罩的作用。
(2) 掌握转向横拉杆防尘罩的更换方法。

【学习重点】

转向横拉杆防尘罩的拆装流程。

【学习难点】

转向横拉杆防尘罩的更换方法与注意事项。

【学习准备】

轿车、工具车(含常用工具及量具)、零件车、转向横拉杆球节拉拔器、手电筒、毛刷、记号笔、维修手册、清洁抹布。

一、转向横拉杆防尘罩的作用

转向横拉杆是汽车转向传动机构的重要部件,用于连接左、右转向梯形臂,在汽车转向器壳体和转向横拉杆之间需要有密封装置,这样能防止外界的泥沙、污水等杂质进入而影响转向器的使用寿命。大多数情况下采用对转向器齿条与转向横拉杆装上防尘罩的方法进行密封,转向横拉杆防尘罩安装位置如图3-4所示。由于内球头处涂有润滑脂,防尘罩密封不严或破损会导致润滑脂泄漏,并且进入灰尘等杂质,润滑脂减少、灰尘增多会加剧内球头的磨损,一旦内球头磨损导致球头松动、方向跑偏,出现吃轮胎、方向盘抖动现象,严重时还可能会导致球头脱落,进而导致车轮瞬间横甩脱落。因此,要对防尘罩的密封性进行检查,如发现破损应及时更换,否则会直接影响转向器内球头的寿命。

二、技能操作:更换转向外球头和转向横拉杆防尘罩

由于转向横拉杆防尘罩破损会直接影响转向器内球头的寿命,对于破损的防尘罩,如图3-5所示,要及时更换。

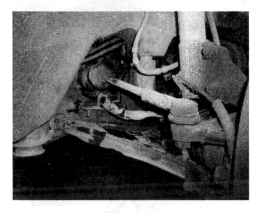

图3-4 转向横拉杆防尘罩安装位置

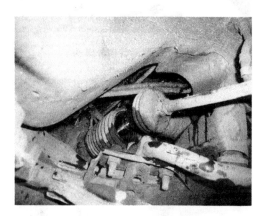

图3-5 转向横拉杆防尘罩破损

更换步骤如下。

(1)拆卸车轮,并拆卸外球节端头锁止螺母的开口销,如图3-6所示。

(2)拆卸外球节端头锁止螺母,如图3-7所示。

图3-6 拆卸开口销

图3-7 拆卸外球节端头锁止螺母

(3)使用球头专用拉拔器或者锤头拆卸工具,分离转向横拉杆末端的转向外球头,如图3-8所示。

(4)用22 mm的扳手,松开转向外球头的锁止螺母,如图3-9所示,旋下转向横拉杆外球头和锁止螺母,如图3-10所示。注意,拆卸之前要确定好原来的位置(比如转了几圈),安装的时候还是要安装到原位置,以免影响四轮定位前轮前束值。

(5) 用钳子拆卸转向横拉杆防尘罩卡箍，如图 3-11 所示。

图 3-8　分离转向外球头

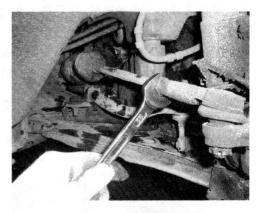

图 3-9　松开外球节锁止螺母

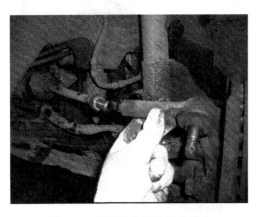

图 3-10　旋下转向横拉杆外球头

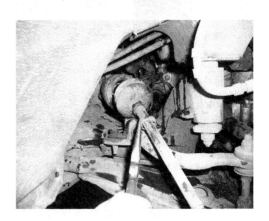

图 3-11　拆卸转向横拉杆防尘罩卡箍

(6) 取下破损的转向横拉杆防尘罩，如图 3-12 所示。

(7) 对内球节涂抹一些润滑脂，如图 3-13 所示。

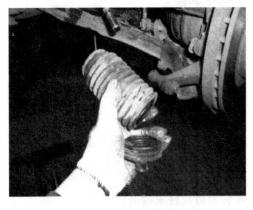

图 3-12　取下破损的防尘罩

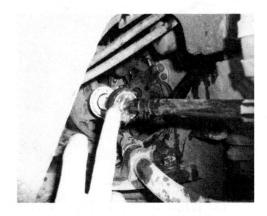

图 3-13　对内球节涂抹润滑脂

(8) 将新的转向横拉杆防尘罩（见图 3-14）和转向外球头按拆卸的相反步骤进行安装，然后将工具和场地复位。

图 3-14 更换新的转向横拉杆防尘罩

三、实训任务

1. 挑战任务：更换转向横拉杆防尘罩

要求：选用转向系统为液压助力齿轮齿条形式的轿车，要求根据相应的维修手册或指导书实施转向横拉杆防尘罩更换，完成操作工单的填写。

2. 学生分组实训操作

（1）全班 40 人分 8 个实训小组。
（2）每个小组用一套设备，组长组织组员轮流按要求开展实训。
（3）要求每组都按实训步骤进行操作。

3. 操作工单和评分标准

操作工单和评分标准请见附件 1 和附件 2。

附件1 "更换转向横拉杆防尘罩"操作工单

1. 作业前准备工作
(1) 安装座椅套。
(2) 安装地板垫。
(3) 安装方向盘套。
(4) 安装翼子板布。
(5) 安装前格栅布。
(6) 安放举升臂并举升车辆。

2. 分解
(1) 拆卸车轮。
(2) 拆卸开口销。
(3) 拆卸转向横拉杆外球节锁止螺母。
(4) 使用SST分离转向横拉杆外球节。
(5) 拆松转向横拉杆端头锁止螺母。
(6) 拆下转向横拉杆外球节及锁止螺母。
(7) 拆卸转向横拉杆防尘罩卡箍。
(8) 取下转向横拉杆防尘罩。

3. 检查及清洁
(1) 检查转向横拉杆球节　　　磨损:是/否
(2) 检查转向器是否漏油　　　漏油:是/否
(3) 检查及清洁通气孔　　　　通畅:是/否

4. 安装
(1) 安装转向横拉杆防尘罩。
(2) 安装转向横拉杆防尘罩卡箍。
(3) 安装端头锁止螺母及转向横拉杆外球节。
(4) 锁紧转向横拉杆端头锁止螺母。
(5) 安装转向横拉杆外球节。
(6) 安装转向横拉杆外球节锁止螺母。
(7) 安装开口销。
(8) 安装车轮。

5. 复查
检查安装情况。

6. 车辆恢复
(1) 恢复/清洁。
(2) 拆卸翼子板布和前盖。
(3) 拆卸方向盘套、地板垫和座椅套。

附件2 "更换转向横拉杆防尘罩"评分标准

序号	考核项目	检修内容	配分	评分标准（每项累计扣分不超过配分）
1	作业安全/5S	场地内考核设备、零件总成	5	每少准备一件扣1分，扣完为止
		准备好所需工量具及耗材	5	未准备直接扣完
		工量具、场地清洁	5	每次扣1分，扣完为止
2	工量具使用	检测工量具选用是否合理	5	选用不合理酌情扣分
		检测工量具使用是否规范	5	使用不规范酌情扣分
3	手册使用	检修前翻至相关页面	5	检修前未进行维修手册查询每次扣2分，扣完为止
4	分解	拆卸车轮	3	未做或未报扣完
		拆卸开口销	3	未做或未报扣完
		拆卸转向横拉杆外球节锁止螺母	3	未做或未报扣完
		使用SST分离转向横拉杆外球节	4	未做或未报扣完
		拆松转向横拉杆端头锁止螺母	3	未做或未报扣完
		拆下转向横拉杆外球节及锁止螺母	5	未做或未报扣完
		拆卸转向横拉杆防尘罩卡箍	3	未做或未报扣完
		取下转向横拉杆防尘罩	3	未做或未报扣完
5	检查	检查转向横拉杆球节	4	未做或未报扣完
		检查转向器是否漏油	4	未做或未报扣完
		检查及清洁通气孔	4	未做或未报扣完
6	安装	安装转向横拉杆防尘罩	3	未做或未报扣完
		安装转向横拉杆防尘罩卡箍	3	未做或未报扣完
		安装端头锁止螺母及转向横拉杆外球节	3	未做或未报扣完
		锁紧转向横拉杆端头锁止螺母	3	未做或未报扣完
		安装转向横拉杆外球节	3	未做或未报扣完
		安装转向横拉杆外球节锁止螺母	3	未做或未报扣完
		安装开口销	4	未做或未报扣完
		安装车轮	3	未做或未报扣完
7	复查	检查安装效果	3	未做或未报扣完
8	操作工单填写	检查检测步骤完成情况及检修结果填写情况	3	操作工单填写情况酌情扣分
9	总分		100	

任务二　转向器总成拆装与检修

【学习目标】

(1) 了解齿轮齿条式转向器、循环球式转向器的结构特点。
(2) 掌握齿轮齿条式转向器和循环球式转向器总成的拆装与检测。

【学习重点】

(1) 齿轮齿条式转向器总成的拆装与检测。
(2) 循环球式转向器总成的拆装与检测。

【学习难点】

(1) 齿轮齿条式转向器总成的拆装与检测。
(2) 循环球式转向器总成的拆装与检测。

【学习准备】

带虎钳工作台、齿轮齿条式转向器总成、工具车(含常用工具及量具、管子扳手)、拆卸转向器SST、卡簧钳、百分表、磁力表座、游标卡尺(0～20 mm)、厚薄规(0.02 mm)、量缸表(25～50 mm)、V形铁两块、检测平板一台、千分尺(0～25 mm,25～50 mm)、手电筒、零件车、毛刷、记号笔、维修手册、汽油、自动变速器油、抹布。

一、转向器概述

1. 转向器的功能

转向器是转向系统中降速增矩的传动装置,其功能是增大方向盘传到转向节的力,并改变力的传动方向。

2. 转向器的类型

按转向器中传动副的结构形式可分为齿轮齿条式、循环球式、蜗杆曲柄指销式、蜗杆滚轮式等几种。

3. 转向器的传动效率

转向器的传动效率指转向器输出功率与输入功率之比。当功率由方向盘输入,从转向摇臂输出时,所求得的传动效率称为正传动效率,反之转向摇臂受到道路冲击而传到方向盘的传动效率则称为逆传动效率。按传动效率的不同,转向器还可分为可逆式转向器、极限可逆式转向器、不可逆式转向器。

(1) 可逆式转向器是指正、逆传动效率都很高的转向器。这种转向器有利于汽车转向后转向轮的自动回正,方向盘"路感"很强,但也容易在不良路面上行驶时出现"打手"现象,所以主要应用在经常在良好路面行驶的车辆中。

（2）极限可逆式转向器是指正传动效率远大于逆传动效率的转向器。这种转向器能实现汽车转向后转向轮的自动回正，但方向盘"路感"较差，只有当路面冲击力很大时才能部分地传到方向盘，主要应用于中型以上的越野汽车、工况用自卸汽车等。

（3）不可逆式转向器是指逆传动效率很低的转向器，这种转向器使驾驶员不能得到路面的反馈信息，方向盘没有"路感"，而且转向轮也不能自动回正，所以很少采用。

4. 几种转向器的比较

几种转向器的比较如表 3-1 所示。

表 3-1　几种转向器的比较

类　　型	优　　点	缺　　点	应　　用
齿轮齿条式	结构简单，紧凑，质量比较小，体积小，传动效率高（90%），转向角较大，制造成本低	逆传动效率高（60%～70%），"打手"严重	微型、普通级、中级和中高级轿车，部分装载质量不大、前轮采用独立悬架的货车和客车
循环球式	传动效率高（90%～95%），耐磨性好，寿命长，工作平稳可靠，易实现齿条与齿扇的间隙调整	逆传动效率高，结构复杂，制造困难，制造精度要求高	货车和客车
蜗杆曲柄指销式	传动效率较高（80%），磨损较慢，摇臂轴转角较大，易实现蜗杆与指销的间隙调整	结构复杂，尺寸和质量大，精度要求高	较少

二、转向器结构与检修

1. 齿轮齿条式转向器

1）结构

大部分前轮驱动的轿车一般采用齿轮齿条式转向器。图 3-15 为齿轮齿条式转向器，它主要由转向器壳体、转向齿轮、转向齿条等零件组成。转向齿轮轴 11 的一端通过向心球轴承 12 和滚针轴承 13 支承在转向器壳体 5 中；转向齿条 4 水平布置，两端通过球头座 3 与转向横拉杆 1 相连；通过调整螺母 6，可调整压紧弹簧 7 的预紧力，即调整齿轮与齿条的啮合间隙。转动方向盘时，转向齿轮轴 11 转动，与之啮合的转向齿条 4 轴向移动，使左右横拉杆带动转向节左右转动，使转向轮偏转。

2）检修

齿轮和齿条在总成修理时应进行隐伤检查，齿条的直线度误差不得大于 0.30 mm；若齿面无疲劳损坏但出现左右大转角转向沉重且无法调整情况，应予以更换。

3）调整

（1）安装调整螺母和油封，调整转向齿轮轴承的预紧度。手感应无轴向窜动，以转动自如为宜。转向齿轮的转向力矩应符合原厂规定，一般约为 0.5 N·m。

（2）安装转向齿条的衬套时，转向齿条与衬套之间的间隙不得大于 0.15 mm。

（3）齿轮与齿条的啮合间隙调整。

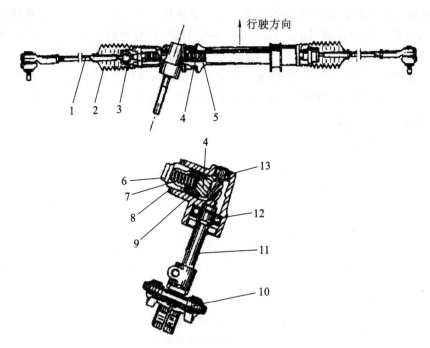

图 3-15 齿轮齿条式转向器

1—转向横拉杆；2—防尘罩；3—球头座；4—转向齿条；5—转向器壳体；6—调整螺母；7—压紧弹簧；
8—锁紧螺母；9—压块；10—万向节叉；11—转向齿轮轴；12—向心球轴承；13—滚针轴承

　　实际上也是齿条预紧力的调整。由于结构的差异，调整方法有所不同，一般有两种调整方法：一种方法是通过改变导块和盖之间的垫片厚度来调整转向齿轮和转向齿条的啮合深度，完成预紧力的调整；另一种方法是用盖上的调整螺母改变齿条导块和弹簧座之间的间隙来完成齿轮与齿条啮合间隙的调整。

　　对第一种结构形式，调整的方法如图 3-16 所示。先不装弹簧以及盖之间的垫片，进行 x 值的调整，使转向齿轮轴上的转动力矩为 $1\sim21$ N·m；然后用塞尺测量 x 值；最后，在 x 值基础上加上 $0.05\sim0.13$ mm，也就是应加垫片的厚度。

　　对于第二种结构形式，调整的步骤是：旋转盖上的调整螺塞，使弹簧座与导块接触，再旋转 $30°\sim60°$ 之后，检查转向齿轮的转动力矩，重复操作直至转向齿轮的转动力矩符合原厂要求，最后紧固锁紧螺母，见图 3-17。

　　4）分解步骤

　　(1) 清洗转向器外部，并用台钳将转向器夹紧，然后拆下转向器上的油管组件。

　　(2) 拆卸橡胶防尘罩。

　　(3) 拆卸转向横拉杆。

　　(4) 拧下转向器底部堵塞，并转动齿轮将螺母拆下。

　　(5) 松开转向器侧面的锁紧螺母，然后将调整螺塞、压力密封垫挡板、弹簧及压力密封垫依次拆下。

　　(6) 拆下齿轮轴输入端的卡环，用冲头和锤子拆卸控制阀组件，并把控制阀组件的密封圈拆下。

　　(7) 拆卸支座组件和齿条组件，将齿条上的密封环和O形密封圈拆下。

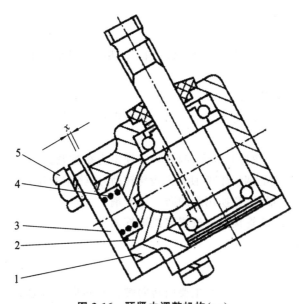

图 3-16 预紧力调整机构(一)
1—转向器壳体；2—导块；3—盖；4—导块压紧弹簧；5—锁紧螺母

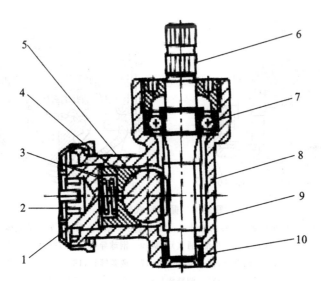

图 3-17 预紧力调整机构(二)
1—调整螺塞；2—罩盖；3—压紧弹簧；4—压紧弹簧垫块；5—转向齿条；6—转向齿轮轴；
7—球轴承；8—转向器壳体；9—转向齿轮；10—滚柱轴承

(8) 将齿条油封和保护垫圈拆下。

5) 组装及调整

(1) 在单列向心球轴承上涂一层润滑油,然后将轴承压入转向器壳体。

(2) 把新的 O 形密封圈装到齿条活塞上,再将油封和保护垫圈从齿条另一端装入,压装单列向心球轴承。

(3) 将齿条组件装入转向器壳体。

(4) 安装支座组件。

(5) 装入油封。

(6) 在控制阀组件上装下新的密封圈,再将控制阀组件装入转向器壳体,并装好堵塞组件。

(7) 安装转向器底部轴承。

(8) 安装转向器侧面的压力密封垫、弹簧、压力密封垫挡板和调整螺母。

(9) 安装转向横拉杆。

(10) 安装转向器底部螺母和螺塞,两者均按规定力矩拧紧。

(11) 调整转向器侧面的调整螺塞,使转向齿轮转动力矩符合标准,一般为 $0.7\sim1.2\ N\cdot m$。

(12) 安装橡胶防尘罩(注意换用新的防尘罩卡箍)。

(13) 安装油管组件,油管接头要按规定扭矩拧紧。

2. 循环球式转向器

1) 结构

循环球式转向器如图 3-18 所示,主要由转向螺杆和转向螺母总成、转向摇臂轴总成、转向器壳体、底盖、轴承等组成。它由两级传动副组成,第一级是螺杆螺母传动副,第二级齿条齿扇传动副,螺杆与螺母之间装有循环球,使滑动摩擦变为滚动摩擦。

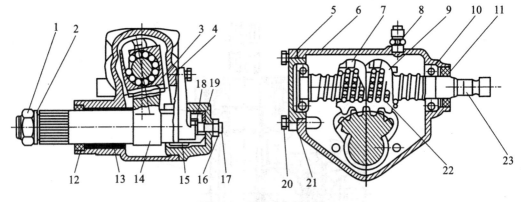

图 3-18 循环球式转向器

1—螺母;2—弹簧垫圈;3—转向螺母;4—转向器壳体密封垫圈;5—转向器壳体底盖;
6—转向器壳体;7—导管夹;8—加油(通气)螺塞;9—钢球导管;10—球轴承;11、12—油封;
13、15—滚针轴承;14—摇臂轴;16—锁紧螺母;17—调整螺钉;18—调整垫片;19—侧盖;
20—紧固螺钉;21—调整垫片;22—钢球;23—转向螺杆

当驾驶员左右转动方向盘时,带有万向传动装置的转向柱转动,使转向螺杆转动,循环球在螺旋管状通道内滚动,形成"球流"。钢球在管状通道内绕行两周后,流出转向螺母而进入导管的一端,再沿导管经导管的另一端流回螺旋管状通道。故在转向器工作时,两列钢球在各自的封闭管道内循环,而不致脱出。钢球在流动的同时,推动转向螺母沿转向螺杆前后移动。然后,齿条带动齿扇摆动,使摇臂轴发生转动。最后,通过转向传动机构推动转向轮偏转,实现汽车转向。

2) 拆卸步骤

(1) 在车上拆下循环球式转向器的转向垂臂、万向节叉的锁紧螺母;将转向器总成从车上拆下,并卸下通气塞放出转向器内的润滑油。

（2）转动转向螺杆，使转向螺母处于转向螺杆的中间位置，然后拧下转向器侧盖上的紧固螺钉，用橡胶锤（或铜棒）轻轻敲击转向摇臂轴外端，拆下侧盖和转向摇臂轴总成，如图3-19所示。

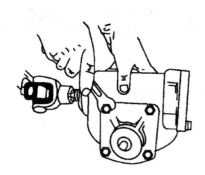
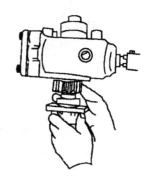

图3-19　拆卸侧盖和转向摇臂轴总成

（3）拧下转向器壳体底盖上的紧固螺钉，用橡胶锤（或铜棒）轻轻敲击转向螺杆上端，拆下底盖和调整垫片，如图3-20所示。

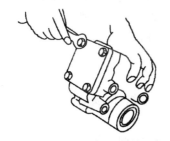
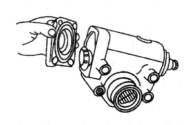

图3-20　拆卸转向器壳体底盖

（4）从转向器壳体中取出转向螺杆和转向螺母总成，如图3-21所示。

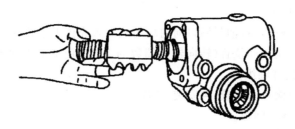

图3-21　拆下转向螺杆和转向螺母总成

（5）转向螺杆和转向螺母总成如无异常情况，尽量不要解体。如必须解体，先拆下导管夹，取下钢球导管，最后握住螺母，慢慢地转动螺杆，取出全部钢球，如图3-22所示。

注意：两个循环道中的钢球最好不要混在一起，不要丢失。每个循环道有48个钢球。如果螺母里留有一个钢球，螺母也不能拆下。

3）装配与调整

（1）安装转向螺杆组件。转向螺杆与转向螺母组件在维修时一般不拆散。若拆散重新组装时，先平稳地逐个装入钢球，装钢球的过程中，转向螺杆和转向螺母不要相对运动，必要

图 3-22 转向螺杆和转向螺母总成的分解

时,只能稍许转动转向螺杆或用塑料棒将钢球轻冲进滚道内;然后给装满钢球的导管口涂润滑脂以防止钢球脱出,用导管卡将导管固定在转向螺母上。所装钢球的直径和数量必须符合原厂规定。

(2) 装入钢球后,转动螺母的轴向窜动量不得大于 0.10 mm。

(3) 将轴承内圈压在转向螺杆的轴颈上。

(4) 组装摇臂轴。

检查用于调整转向螺母与齿扇啮合间隙的调整螺钉的轴向间隙,此间隙若大于 0.12 mm,则在调整螺钉与摇臂上的轴孔端面间加推力垫片进行调整。摇臂轴承预润滑之后,将摇臂装入壳体内。并按顺序装入推力垫片、调整螺钉、垫圈、弹性挡圈。

(5) 安装转向器上盖、下盖。

① 把轴承装入下盖承孔中。

② 安装调整垫片和下盖,从壳体孔中放入转向螺杆组件,安装下盖。装下盖之前在接合平面上涂密封胶。

③ 把轴承外圈和转向螺杆油封压入上盖,并装入上盖调整垫片和上盖。

④ 通过增减下盖调整垫片或用下盖上的调整螺塞调整转向螺杆的轴承紧度。然后检查方向盘的转向力矩,一般为 0.6～0.9 N·m。

(6) 安装转向器侧盖。

① 给油封涂密封胶后,将油封唇口向内均匀地压入壳体上承孔内。

② 将转向螺母移至中间位置(转向器总圈数的1/2),使扇形齿的中间齿与转向螺母的中间齿相啮合,装入摇臂轴组件。

③ 对侧盖密封垫涂以密封胶,再安装、紧固。

(7) 调整转向器啮合间隙。

① 使转向器的传动副处于中间位置(直行位置)。

② 通过调整螺钉调整转向器传动副的啮合间隙,转向器传动副在直线位置上应无间隙啮合。

③ 中间位置上,转向器转动力矩应为 1.5～2.0 N·m。转向器转动力矩调整合格后,按规定扭矩锁紧调整螺钉。

(8) 安装摇臂时,应注意将摇臂与摇臂轴的装配记号对正,应特别注意摇臂固定螺母确实做到紧固、锁止可靠。

(9) 按原厂规定加注润滑油。

(10) 有条件时,应检查转向器反驱动力矩(转向齿轮轴处于空载状态时,使摇臂轴转动的力矩),转向器的反驱动力矩应符合原厂规定。

三、实训任务 1

1. 挑战任务：齿轮齿条式转向器总成的拆装和检测

要求：对已经从车上拆卸下来的齿轮齿条式转向器总成进行拆装与检测。主要要求学生正确掌握转向器分解和安装流程，能对分解的转向器主要零件进行检测，并根据检测结果做出正确的维修结论。

2. 学生分组实训操作

（1）全班 40 人分 8 个实训小组。

（2）每个小组用一套设备，组长组织组员轮流按要求开展实训。

（3）要求每组都要按实训步骤进行操作。

3. 操作工单和评分标准

操作工单和评分标准请见附件 1 和附件 2。

四、实训任务 2

1. 挑战任务：循环球式转向器总成的拆装与检测

要求：根据维修手册选用工量具对液压助力循环球式转向器总成进行拆装和检测操作，并根据检测结果做出正确的维修结论。

2. 学生分组实训操作

（1）全班 40 人分 8 个实训小组。

（2）每个小组用一套设备，组长组织组员轮流按要求开展实训。

（3）要求每组都要按实训步骤进行操作。

3. 操作工单和评分标准

操作工单和评分标准请见附件 3 和附件 4。

附件1 "齿轮齿条转向器总成的拆装与检测"操作工单

1. 作业前准备工作
固定转向器总成。
2. 分解
(1) 拆左右压力油管。
(2) 拆横拉杆。
(3) 拆夹子、卡箍和齿条防尘罩。
(4) 拆齿条接头和内齿垫圈。
(5) 拆齿条导向块弹簧的锁紧螺母、压盖、弹簧、弹簧座、导向块。
(6) 拆控制阀及阀体。
(7) 拆齿条壳体端部挡块螺母。
(8) 拆油封和齿条。
(9) 拆控制阀。
3. 检查

检验齿条	径向跳动量：	损坏：是/否
检查壳体		损坏：是/否
检查滚针轴承		磨损：是/否

4. 安装
(1) 润滑零部件。
(2) 安装齿条。
(3) 装齿条壳体挡块。
(4) 把控制阀装入壳体。
(5) 装控制阀。
(6) 装齿条导向块、弹簧、压盖。
(7) 调整总预紧力。
(8) 安装齿条导向弹簧压盖锁紧螺母。
(9) 装内齿垫圈和齿条接头。
(10) 装齿条防护罩、卡箍、夹子。
(11) 装横拉杆。
(12) 装左右转向压力油管。
5. 复查
检查安装效果。

附件2 "齿轮齿条转向器总成的拆装与检测"评分标准

序号	考核项目	检修内容	配分	扣分标准（每项累计扣分不超过配分）	
1	作业安全/5S	场地内考核设备、零件总成	5	每少准备1件扣1分，扣完为止	
		准备好所需工量具及耗材	5	未进行准备直接，计0分	
		工量具、场地清洁	5	每次扣1分，扣完为止	
2	工具使用	检测量具选用合理	5	未合理选用酌情扣分	
		检测量具使用规范	5	未合理使用酌情扣分	
3	手册使用	检修前翻至相关页面	5	检修前未进行维修手册查询，每次扣2分，扣完为止。	
4	解体	拆左右压力油管	2	扭矩：39 N·m（根据具体车型确定）	
		拆横拉杆	4	在横拉杆与齿条接头上做一标记	
				拆横拉杆和锁紧螺母	
		拆夹子、卡箍和齿条防尘罩	2	拆卸顺序正确	
		拆齿条接头和内齿垫圈	4	把内齿垫圈的卷边打开	
				用专用工具拆齿条接头	
		依次拆齿条导向块弹簧的锁紧螺母、压盖、弹簧、弹簧座、导向块	2	小心各连接线，别折断	
		拆控制阀及阀体	6	旋出两个螺钉	
				拔出阀及阀体	
				取出O形圈	
		拆齿条壳体端部挡块螺母	2	用专用工具拆挡块螺母	
		拆油封和齿条	2	拆出齿条时要防止损伤齿条壳的内壁	
		拆控制阀	2	用塑料锤打出控制阀	
5	检查	检验齿条	4	检查方法正确，读值正确	径向跳动检查
					磨损及损坏
		检查壳体	2	维修判断正确	
		检查滚针轴承	2	维修判断正确	

续表

序号	检修项目	检修内容	配分	扣分标准（每项累计扣分不超过配分）
6	组装	在需要润滑的零部件上涂机油或黄油	2	涂抹到位
		装齿条	2	安装齿条时应防止碰伤油封
		装齿条壳体挡块	2	依次装入油封（方向正确）、挡块
		把控制阀装入壳体	2	安装方向正确
		装控制阀	2	螺栓拧紧力矩：18 N·m
		装齿条导向块、弹簧、压盖	2	
		调整总预紧力	8	拧紧弹簧压盖至25 N·m
				将弹簧压盖倒转30°
				用专用工具和测力扳手测预紧力，应为0.5~1.0 N·m
				如不符合要求则调整压盖
		安装齿条导向弹簧压盖锁紧螺母	2	锁紧螺母，扭矩：69 N·m，重新检查总预紧力
		装内齿垫圈和齿条接头	2	应使内齿垫圈的齿嵌在齿条的槽中，装完后应弯折
		装齿条防护罩、卡箍、夹子	2	
		装横拉杆	1	
		装左右转向压力油管	2	首先拧紧齿条壳体上的螺母。扭矩：25 N·m
7	复查	检查安装效果	2	转动平滑
8	工单填写	确认检测步骤完成情况及检修结果填写	5	工单填写情况，酌情扣分
9	总分		100	

附件3 "循环球式转向器总成的拆装与检测"操作工单

1. 作业前准备工作
(1) 准备好所需设备、耗材。
(2) 准备好所需工具、量具。
(3) 打开维修手册至相关页面。
2. 解体
(1) 固定转向器。
(2) 拆卸进出压力油管、电磁阀。
(3) 拆卸摇臂。
(4) 拆卸扇形轴与扇形轴端盖总成。
(5) 拆卸活塞调整螺钉。
(6) 拆卸后壳与蜗轮总成。
3. 清洗
(1) 用汽油清洗各零件。
(2) 用尼龙抹布擦干零件。
(3) 用压缩空气冲吹油道。
4. 检查
(1) 检查扇形齿轮齿面　　　　□凹痕　□毛刺　□裂纹　□正常
(2) 检查转向机壳体　　　　　□变形　□裂纹　□正常
(3) 检查循环球螺母齿面　　　□凹痕　□毛刺　□裂纹　□正常
(4) 检查螺母和蜗轮转动　　　□太紧　□卡滞　□正常
(5) 检查螺母和蜗轮靠自重能否滑完全程　□能　□不能
(6) 检查蜗轮表面　　　　　　□凹痕　□毛刺　□裂纹　□正常
(7) 检查扇形齿轮滚针轴承　　□损坏　□正常
(8) 检查密封环　　　　　　　□破裂　□变形　□无弹性　□正常
5. 装配与调整
(1) 蜗轮总成装配。
(2) 活塞调整螺钉装配与调整。蜗轮标准预紧度：＿＿＿＿＿＿N·m。
(3) 扇形齿轮轴装配和预紧度的调整。扇形齿轮轴端面标准间隙：＿＿＿＿mm。
(4) 摇臂装配。
(5) 油管、电磁阀装配。
6. 复位
检查安装效果。

附件4 "循环球式转向器总成的拆装与检测"评分标准

序号	考核项目	配分	评分标准（每项累计扣分不超过配分）
1	安全文明一票否决		造成人身、设备重大事故，或恶意顶撞考官、严重扰乱秩序，立即终止考核，此项计0分
2	安全文明生产	20	（1）不穿工作服扣1分，不穿工作鞋扣1分，不戴工作帽扣1分； （2）油、水洒落在地面或零部件表面未及时清理，每次扣1分； （3）垃圾未分类回收，每次扣1分； （4）竣工后未清理工量具，每件扣1分； （5）竣工后未清理考核场地，扣2分； （6）不服从考官、出言不逊，每次扣3分
2	工具手册的使用	5	（1）工量具未合理选用扣2分； （2）工量具未规范使用扣2分； （3）检修前翻至相关页面。检修前未进行维修手册查询，每次扣1分，扣完为止
3	解体	30	（1）固定转向器，未用专用SST扣2分，固定方式错误扣2分； （2）拆卸进出压力油管、电磁阀，每漏拆一项扣2分，未取出O形圈扣2分； （3）拆卸摇臂扇形轴与摇臂，未做装配记号扣2分，拆卸方式错误扣2分； （4）拆卸扇形轴与扇形轴端盖总成：拆错螺栓扣2分，未套塑料膜在扇形轴上直接拆卸扣2分，刮伤机壳内表面扣6分； （5）拆卸活塞调整螺钉：漏拆扣5分，拆卸方法错误扣2分； （6）拆卸后壳与蜗轮总成：未用手托住活塞扣2分，未拆下O形圈和密封圈扣2分，拆卸中刮伤机壳内表面扣6分，损坏密封圈扣2分
4	清洗	5	（1）清洗各部件，清洗液选择错误扣2分； （2）清洗不干净扣2分； （3）未用压缩空气吹洗扣2分

续表

序号	考核项目	配分	评分标准(每项累计扣分不超过配分)
5	检查	10	(1) 检查扇形齿轮轴； (2) 检查蜗杆活塞总成，检查时活塞掉落到蜗杆末端扣2分； (3) 检查轴承、油封； (4) 检查中每漏检一项扣3分； (5) 判断错误每次扣2分
6	装配	25	(1) 装配蜗轮总成。未在O形圈上涂ATF扣2分，密封圈位置不对扣2分，未在壳体内和活塞表面涂ATF扣2分，损坏密封环扣2分，刮伤壳体内表面扣6分； (2) 活塞调整螺钉装配与调整。装配方法错误扣2分，工具使用不当扣2分，未调整蜗轮预紧度扣2分，调整方法错误扣2分； (3) 扇形齿轮轴的装配和预紧度的调整。未给调整螺钉涂多用途润滑脂扣2分，扇形轴未套塑料膜安装扣2分，未将活塞齿条放在正前方位置扣2分，刮伤壳体内表面扣6分，未调整扇形齿轮轴端面间隙扣2分，调整方法错误扣2分； (4) 摇臂装配。未对准花键记号扣2分，未装配到位扣2分； (5) 油管、电磁阀装配。未给O形圈上涂ATF扣2分，未拧到规定扭矩扣2分
7	复查	5	检查预紧度和间隙，未复查该项计0分
8	总计	100	

任务三　转向助力泵的拆装与检测

【学习目标】

(1) 了解液压助力转向系统的结构组成。
(2) 掌握转向助力泵结构、工作原理。
(3) 掌握转向助力泵的拆装与检测方法。

【学习重点】

(1) 转向助力泵结构、工作原理。
(2) 转向助力泵的拆装与检测。

【学习难点】

转向助力泵的拆装与检测。

【学习准备】

带虎钳工作台、转向助力泵总成、工具车、拆卸转向助力泵 SST、卡簧钳、手电筒、零件车、毛刷、记号笔、维修手册、自动变速器油、汽油、抹布。

一、动力转向系统的类型

在机械式转向系统中，转动转向器所需的力，全部由驾驶人员提供。现在多数汽车采用动力转向系统来降低驾驶人员的劳动强度。动力转向系统是通过减小转动方向盘所需的力，来降低驾驶员的疲劳程度从而提高行驶过程中的安全性。动力转向系统按其动力源可分为气压式、液压式和电动式三类。目前气压式已经淘汰，本节主要介绍应用最多的液压式助力转向系统。

液压式助力装置的主要组成部分有储油罐、转向助力泵、转向控制阀、转向助力缸、油管等。这种助力方式是将一部分发动机动力输出转化成液压力，对转向系统施加辅助作用力。根据系统内液流方式的不同可以分为常压式(图 3-23)和常流式(图 3-24)。

常压式液压助力系统的特点是无论方向盘处于正中位置还是转向位置、方向盘保持静止还是在转动，系统管路中的油液总是保持高压状态；而常流式液压转向助力系统的转向油泵虽然始终工作，但液压助力系统不工作时，油泵处于空转状态，管路的负荷要比常压式小，现在大多数液压转向助力系统都采用常流式。可以看到，不管哪种方式，转向油泵都是必备部件，它可以将输入的发动机机械能转化为油液的液压能。

二、转向助力泵

1. 作用与类型

转向助力泵是动力转向装置的动力源，其功用是将发动机的机械能变为驱动转向动

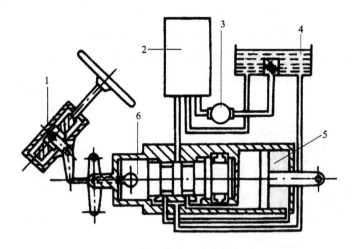

图 3-23 常压式液压助力转向装置

1—机械转向器；2—储能器；3—转向液压泵；4—转向油罐；5—转向动力缸；6—转向控制阀

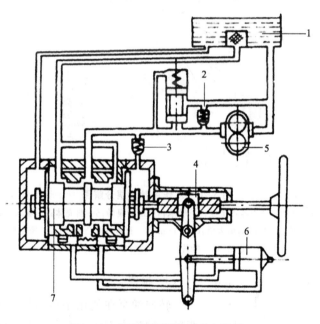

图 3-24 常流式液压助力转向装置

1—转向油罐；2—安全阀；3—单向阀；4—机械转向器；5—转向液压泵；6—转向动力缸；7—转向控制阀

缸工作的液压能，再由转向动力缸输出转向力，驱动转向轮转向。

转向助力泵的结构类型有多种，最常见的有齿轮式、转子式和叶片式。本节主要介绍应用最广泛的双作用叶片式转向油泵。

2. 结构与原理

双作用叶片泵的工作原理如图 3-25 所示。转子上开有均布槽，叶片安装在转子槽内，并可在槽内滑动。定子内表面由两段大半径 R 的圆弧、两段小半径的圆弧和过渡圆弧组成腰形结构。转子和定子同圆心。转子在传动轴的带动下旋转，叶片在离心力和动压作用下紧贴定子表面，并在槽内作往复运动。相邻的叶片之间形成密封腔，其容积随转子由小到大、由大到小周期变化,当容积由小变大时形成一定真空度吸油;当容积由大变小时,压缩油液,由压油口向外排油。转子每旋转一周,每个工作腔各自吸压油两次,称双作用。双作用式叶片泵的两个吸油区、两个排油区对称布置,所以作用在转子上的油压作用力互相平衡。双作用叶片式动力转向泵分解结构如图3-26所示。

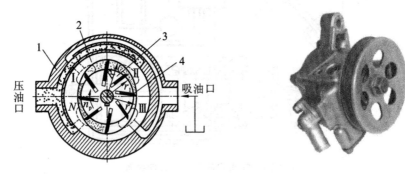

图3-25 双作用叶片泵工作原理
1—泵体;2—定子环;3—转子;4—叶片

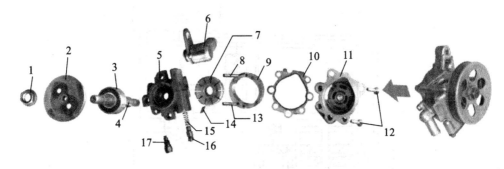

图3-26 双作用叶片泵分解图
1—紧固螺栓;2—助力器皮带盘;3—轴承;4—助力泵轴;5—前壳体;6—吸入口管接口;7—转子(标准值:0.25 mm;最大值:0.35 mm);8—直销;9—凸轮圈;10—密封垫;11—后壳;12—紧固螺栓(17 N·m);13—直销;14—叶片;15—弹簧;16—流量控制阀;17—压力管接头(69 N·m)

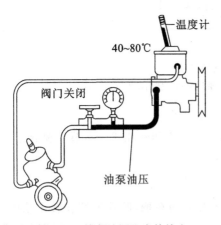

图3-27 转向油泵压力的检查

3. 检修

转向油泵在使用中应定期检查皮带情况。皮带张紧度的检查方法主要有以下三种。方法一:汽车停在干燥路面上,运转发动机使油液上升到正常温度,左右转动方向盘,此时驱动皮带负荷最大,如果皮带打滑,说明皮带紧度不够或油泵内有机械损伤。方法二:关闭发动机,用手以约100 N的力从皮带的中间位置按下,皮带应有约10 mm挠度为合适,否则必须调整。方法三:用皮带张紧度测量仪测量张紧度。若皮带张紧度不符合要求,应及时进行调整。

除此之外,动力转向器出现故障时,应检查转向油泵的压力,如图3-27所示,检查步骤如下。

(1) 将量程为 15 MPa 的压力表和节流阀串接到转向油泵和转向阀之间的管路中。

(2) 启动发动机,如果需要,向储油罐中补充助力转向油。

(3) 发动机怠速运转,转动方向盘数次。

(4) 急速关闭节流阀(不超过 5~10 s),并读出压力数,若压力足够,说明转向油泵正常。

(5) 如果没有达到额定值,应检查压力和流量限制阀是否完好。如不正常应更换溢流阀、安全阀或更换转向油泵。

三、实训项目

1. 挑战任务:检修转向助力泵

要求:选用附件完整的转向助力泵总成,要求按照对应的维修手册或指导书,按正确的流程拆装检修转向助力泵,并完成操作工单的填写。

2. 学生分组实训操作

(1) 全班 40 人、分 8 个实训小组。

(2) 每个小组用一套设备,组长组织组员轮流按要求开展实训。

(3) 要求每组都要按实训步骤进行操作。

3. 操作工单和评分标准

操作工单和评分标准请见附件 1 和附件 2。

附件1 "转向助力泵的拆装与检测"操作工单

1. 解体前检查
(1) 检查油液是否泄漏。
(1) 检查皮带轮是否损坏。
2. 分解
(1) 拆卸皮带轮。
(2) 拆卸后端盖。
(3) 拆下转子及叶片。
(4) 拆下偏心环。
(5) 拆卸前端盘。
(6) 拆下驱动轴。
(7) 拆下油封。
(8) 拆下接头和带弹簧的流量控制阀。
3. 检查

(1) 驱动轴轴承	正常/异常
(2) 前后壳连接表面对齐	正常/异常
(3) 偏心环	正常/异常
(4) 前端盖	正常/异常
(5) 后端盖	正常/异常
(6) 转子	正常/异常
(7) 叶片	正常/异常

4. 安装
(1) 安装流量控制阀。
(2) 安装油封。
(3) 安装泵轴。
(4) 安装前端盘。
(5) 安装偏心环。
(6) 安装转子及叶片。
(7) 安装后端盖。
(8) 安装皮带轮子。
5. 复查
检查安装效果。
6. 场地恢复
恢复/清洁。

附件2 "转向助力泵的拆装与检测"评分标准

序号	考核项目	检修内容	配分	评分标准（每项累计扣分不超过配分）
1	作业安全/5S	场地内考核设备、零件总成	5	每少准备1件扣1分，扣完为止
		准备好所需工量具及耗材	5	未进行准备直接扣完
		工量具、场地清洁	5	每次扣1分，扣完为止
2	工具使用	检测量具选用是否合理	5	未合理选用酌情扣分
		检测量具使用是否规范	5	未合理使用酌情扣分
3	手册使用	检修前翻至相关页面	5	检修前未进行维修手册查询扣每次扣2分，扣完为止
4	解体前检查	检查油液是否泄漏	2.5	未做或未报扣完
		检查皮带轮是否损坏	2.5	未做或未报扣完
5	分解	拆卸皮带轮	2.5	未做或未报扣完
		拆卸后端盖	2.5	未做或未报扣完
		拆下转子及叶片	2.5	未做或未报扣完
		拆下偏心环	2.5	未做或未报扣完
		拆卸前端盘	2.5	未做或未报扣完
		拆下驱动轴	2.5	未做或未报扣完
		拆下油封	2.5	未做或未报扣完
		拆下接头和带弹簧的流量控制阀	2.5	未做或未报扣完
6	检查	驱动轴轴承	2.5	未做或未报扣完
		前后壳连接表面对齐	2.5	未做或未报扣完
		偏心环	2.5	未做或未报扣完
		前端盖	2.5	未做或未报扣完
		后端盖	2.5	未做或未报扣完
		转子	2.5	未做或未报扣完
		叶片	2.5	未做或未报扣完

续表

序号	考核项目	检修内容	配分	评分标准（每项累计扣分不超过配分）
7	安装	安装流量控制阀	2.5	未做或未报扣完
		安装油封	2.5	未做或未报扣完
		安装泵轴	2.5	未做或未报扣完
		安装前端盘	2.5	未做或未报扣完
		安装偏心环	2.5	未做或未报扣完
		安装转子及叶片	2.5	未做或未报扣完
		安装后端盖	2.5	未做或未报扣完
		安装皮带轮子	2.5	未做或未报扣完
8	复查	检查安装效果	2.5	未做或未报扣完
9	工单填写	确认检测步骤完成情况及检修结果填写情况	5	工单填写情况酌情扣分
10	总分		100	

项目四 制动系统

【学习目标】

(1) 了解汽车制动系统的功用、基本组成和工作原理。

(2) 熟悉车轮制动器的结构和工作原理,会正确使用与维护车轮制动器,掌握盘式制动器的拆装与调整、鼓式制动器蹄片的更换和驻车制动器的调整。

(3) 熟悉液压式制动传动系统的组成和基本工作过程,掌握刹车真空助力器检查及制动踏板检查与调整、制动总泵的拆装与检查。

一、制动系统的功用和类型

汽车制动系统是保证汽车动力性能发挥和行车安全的最基本的系统,它通常必须具备让汽车在行车过程中及时减速或停车、下长坡时具有稳定车速、对已停驶的汽车进行可靠停驻等制动性能。汽车制动系统一般由车轮制动器和制动传动装置两部分组成。

1. 功用

汽车制动系统的功用有以下三点。

(1) 使行驶中的汽车降低速度甚至停车。

(2) 使下坡行驶的汽车保持速度稳定。

(3) 使已经停驶的汽车保持不动。

起制动作用的是与行驶方向相反的外力(其中滚动阻力、坡道阻力、空气阻力这些外力的大小都是随机的,不可控制的)。要想根据路况、环境来控制车速,必须对汽车使用其他外力进行强制制动,这种可控制的对汽车进行制动的外力称为制动力,相应的一系列专门装置称为制动装置。

2. 类型

1) 按制动系统功用分类

(1) 行车制动系统:使正在行驶中的汽车减速或在最短的距离内停车。

(2) 驻车制动系统:使已经停在各种路面上的汽车驻留原地不动。

(3) 辅助制动系统:为了提高行车的安全性和减轻行车制动系统性能的衰退,某些汽车还装备了辅助制动系统,用以在下坡时稳定车速。

2) 按照制动能源分类

(1) 人力制动系统:以驾驶员的肌体作为唯一的制动能源。

(2) 动力制动系统:靠发动机的动力转化而成的气压或液压作为制动能源。

(3) 伺服制动系统:兼用人力和发动机动力作为制动能源。

二、制动系统的基本组成和工作原理

1. 基本组成

汽车制动系统一般包括行车制动装置和驻车制动装置。每套制动装置都由制动器和操纵机构组成。

较完善的制动系统还具有制动力调节装置、报警装置、压力保护装置等附加装置。

2. 工作原理

现代汽车的制动装置基本都是利用机械摩擦来产生制动力的,其中用来直接产生摩擦力矩迫使车轮减速或停转的部分,称为制动器;通过驾驶员的操纵或将其他能源的作用传给制动器,迫使制动器产生摩擦作用的部分,称为制动传动机构。

图 4-1 所示的制动系统即由车轮制动器和液压式传动机构两部分组成。

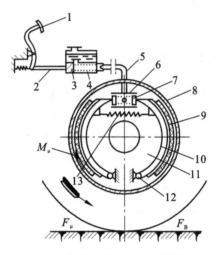

图 4-1 制动系统工作原理示意图

1—制动踏板;2—推杆;3—制动主缸活塞;4—制动主缸;5—油管;6—制动轮缸;7—制动轮缸活塞;
8—制动鼓;9—摩擦衬片;10—制动蹄;11—制动底板;12—支承销;13—制动蹄回位弹簧

制动系统的一般工作原理是,利用与车身(或车架)相连的非旋转元件和与车轮(或传动轴)相连的旋转元件之间的相互摩擦来阻止车轮的转动或转动的趋势。

当驾驶员踏下制动踏板,使活塞压缩制动液时,轮缸活塞在液压的作用下将制动蹄片压向制动鼓,使制动鼓减小转动速度,或保持不动。

最好的制动条件是:最大制动力和最短制动距离并不是在车轮抱死时出现而是车轮将要抱死又未完全抱死的情况下(制动力接近附着力),即在所谓"临界状态"时出现。

任务一 盘式制动器的拆装与检测

【学习目标】

(1) 熟悉盘式制动器的结构和工作原理。

(2)掌握盘式制动器的拆装与检测。

【学习重点】

(1)盘式制动器的结构和工作原理。
(2)盘式制动器的拆装与检测。

【学习难点】

盘式制动器的拆装与检测。

【学习准备】

被检车辆、举升机、轮胎架、游标卡尺(0～20 mm)、千分尺(0～25 mm、25～50 mm 各一个)、百分表及磁力表座、钢直尺、S形钩一个、扭力扳手、工具车、清洁抹布、砂纸。

盘式车轮制动器其固定元件是制动块、导向支销和轮缸及活塞。它们均被安装于制动盘两侧的钳体上,旋转元件固装在车轮或半轴上,将制动力矩直接分别作用于两侧车轮上的制动器称为车轮制动器。根据摩擦副中旋转元件的结构形式不同,汽车上所用的车轮制动器可分为鼓式和盘式两种。它们的区别在于前者的摩擦副中旋转元件为制动鼓,其工作表面为圆柱面;后者的旋转元件则为圆盘状的制动盘,以端面为工作表面。

首先我们来介绍盘式制动器的拆装与调整。

一、盘式制动器的结构、工作原理、类型

1. 结构

盘式制动器的基本结构如图 4-2 所示,其旋转元件是制动盘,它和车轮固定安装在一起旋转,以其端面为摩擦工作表面。制动钳用螺栓与转向节或桥壳上的凸缘固装,并用调整垫片来调整钳与盘之间的相对位置。

2. 工作原理

如图 4-2 所示,制动时,油液被压入内、外两轮缸中,其活塞在液压作用下将两制动块压紧制动盘,产生摩擦力矩而制动。此时,轮缸槽中的矩形橡胶密封圈的刃边在活塞摩擦力的作用下产生微量的弹性变形。放松制动时,活塞和制动块依靠密封圈的弹力和弹簧的弹力回位。由于矩形密封圈刃边变形量很微小,在不制动时,摩擦片与盘之间的间隙每边只有 0.1 mm 左右,它足以保证制动的解除。

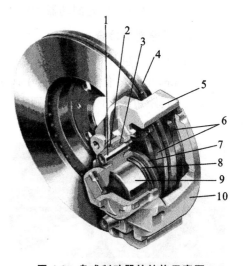

图 4-2 盘式制动器的结构示意图
1—螺栓;2—橡胶衬套;3—塑料套;4—制动盘;
5—制动钳支架;6—摩擦块;7—活塞防尘罩;
8—油封;9—活塞;10—制动钳壳体

又因制动盘受热膨胀时,其厚度只有微量的变化,故不会发生"托滞"现象。矩形橡胶密封圈除起密封作用外,同时还起到活塞回位和自动调整间隙的作用。如果制动块的摩擦片与盘的间隙磨损加大,制动时密封圈变形达到极限后,活塞仍可继续移动,直到摩擦片压紧制动盘为止。解除制动后,矩形橡胶密封圈将活塞推回的距离同磨损之前相同,仍保持标准值。

3. 类型

盘式制动器根据其固定元件的结构形式可分为:钳盘式制动器和全盘式制动器。钳盘式制动器目前运用在各级轿车及轻型货车上;全盘式制动器只用于重型汽车上。

钳盘式制动器又可以分为:定钳盘式制动器和浮钳盘式制动器,如图4-3和图4-4所示。

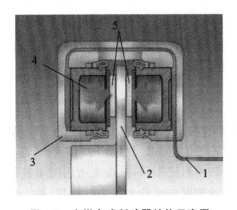 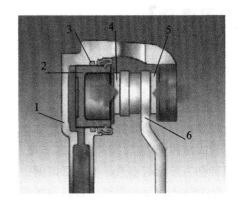

图4-3 定钳盘式制动器结构示意图
1—进油口;2—制动盘;3—制动钳体;
4—活塞;5—制动块

图4-4 浮钳盘式制动器结构示意图
1—制动钳体;2—活塞;3—活塞密封圈;
4—活动制动块;5—固定制动块;6—制动盘

二、典型盘式制动器的拆装与检查

下面以科鲁兹汽车前轮制动器为例进行介绍。

1. 制动盘厚度的检查

检查制动盘厚度时,可用游标卡尺或千分尺直接测量,如图4-5所示,制动盘标准厚度为23～26 mm,超过标准值尺寸时应予以更换。

注意事项:距边缘13 mm处的圆周上等距标记四点,然后分别测量其厚度,取测量最小值。

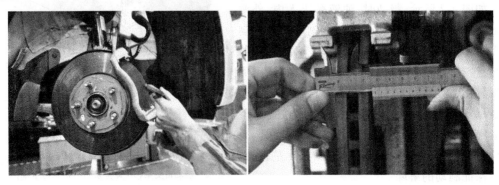

图4-5 制动盘厚度的检查

2. 制动盘端面圆跳动的检查

制动盘端面圆跳动过大会使制动踏板抖动或使制动衬片磨损不均匀。检查制动盘端面圆跳动可用百分表进行,如图 4-6 所示。轴向跳动量应不大于 0.10 mm,不符合要求时可进行机加工修复(加工后的厚度不得小于 8 mm)或更换。

3. 制动块厚度的检查

检查制动块厚度时,可用钢直尺或游标卡尺进行检查,如图 4-7 所示。制动块摩擦片的标准厚度为 2~12 mm(不包括衬片),如不在标准值范围之内,则需要更换。

注意事项:测量时必须除去金属衬片的厚度,测量三个不同位置,取最小值。

图 4-6 制动盘端面圆跳动的检查　　图 4-7 制动块厚度的检查

三、实训任务

1. 挑战任务:盘式制动器拆装与检测

要求:要求学生能就车对盘式制动器进行拆装与检测。检查制动盘表面情况,检查轮缸泄漏及防护罩老化情况等,检查制动盘厚度和圆跳动,检查摩擦片磨损量,并能根据检测结果做出正确的维修结论。

时限:40 分钟。

2. 学生分组实训操作

(1) 全班 40 人、分 8 个实训小组。
(2) 每个小组用一套设备,组长组织组员轮流按要求开展实训。
(3) 要求每组都要按实训工单进行操作。

3. 操作工单和评分标准

操作工单和评分标准请见附件 1、附件 2。

附件1 "盘式制动器的拆装与检测"操作工单

一、作业安全/5S
作业前应根据项目要求,做好各项准备工作。
二、拆卸车轮及制动钳
作业要求:会使用维修手册,能用正确的方法拆卸制动总泵。
(1) 将翼子板垫布铺放在车辆上。
(2) 举升车辆到规定位置。
(3) 拆卸车轮。
(4) 拆下制动钳和摩擦块。
三、盘式制动器检查
作业要求:会使用维修手册,能用正确的方法检查制动器各项目。
(1) 检查制动盘表面和磨损情况,将目测检查结果填入表1,将制动盘厚度测量值填入表2。
(2) 检查制动盘端面圆跳动,并将检查结果填入表2。
(3) 检查摩擦块表面状况和磨损情况,将目测检查结果填入表1,将摩擦块厚度测量值填入表2。
(4) 检查轮缸泄漏情况及防护罩,并将目测检查结果填入表1。
(5) 检查制动钳导销移动情况及防护罩,并将目测检查结果填入表1。

表1 目测检查结果

被检零件	被检零件表面状况
制动盘	
摩擦块	
制动轮缸及防护罩	
制动钳导销及防护罩	

表2 检查测量数据

检测项目	标准值(查阅维修手册)/mm	测量值/mm	
制动盘厚度			厚度差=
制动盘端面圆跳动			
摩擦块厚度		内侧摩擦块:	外侧摩擦块:

四、安装
作业要求:会使用维修手册,能用正确的方法安装制动盘。
1. 安装制动钳及车轮
(1) 安装制动钳及摩擦块。
(2) 安装车轮。

2. 复位

(1) 拉紧手刹。

(2) 将制动钳活塞和制动块正确就位(保证正确制动间隙)。

五、维修结论

根据以上检查做出正确的维修结论(零件可用性和维修建议,需说明理由):

附件2 "盘式制动器的拆装与检测"评分标准

序号	考核项目	配分	评分标准(每项累计扣分不超过配分)
1	安全文明一票否决		造成人身、设备重大事故,或恶意顶撞考官、严重扰乱秩序,立即终止考核,此项计0分
2	安全文明生产	20	(1) 不穿工作服扣1分、不穿工作鞋扣1分、不戴工作帽扣1分; (2) 油、水洒落在地面或零部件表面未及时清理,每次扣1分; (3) 垃圾未分类回收,每次扣1分; (4) 竣工后未清理工量具,每件扣1分; (5) 竣工后未清理考核场地,扣2分; (6) 不服从考官、出言不逊,每次扣3分
3	作业前准备	8	(1) 作业前不安装车漆表面防护布(罩)扣1分、不安装车内座椅防护套、方向盘套、变速杆套、地板衬垫每项扣0.5分; (2) 举升机摆臂顶举车辆位置不正确扣1分; (3) 顶举前未释放手刹扣0.5分; (4) 车辆举升前,不摇晃检测(含被考官提醒)车辆支撑稳定情况,扣2分; (5) 举升车辆后,不锁止(含被考官提醒)举升机构,扣2分
4	拆卸轮胎	4	(1) 未按对角松开轮胎螺母扣0.5分; (2) 气动扳手及套筒选用错误扣1分(或使用扭力扳手拆卸轮胎的未在举升前拧松轮胎螺母的); (3) 拆卸轮胎时手把持车轮辐条的扣0.5分; (4) 未将拆下的轮胎放置在轮胎架上的扣1分
5	拆下制动钳	3	(1) 不断开液压制动器挠性软管,向上转动制动钳,并用粗钢丝或同等工具固定制动钳,方法不正确扣1分; (2) 拆下制动摩擦块,并拆下制动摩擦块弹簧。未做扣1分; (3) 清理制动钳支架上的制动摩擦块构件接合面处的碎屑和腐蚀,未做扣1分
6	检查制动盘表面和磨损情况	14	(1) 检查前清洁制动盘,未做扣1分; (2) 目测检查制动盘表面状况,是否有严重锈蚀、点蚀、开裂、灼斑、变蓝等现象,未做扣3分; (3) 检测制动盘厚度时未选用千分尺,扣2分; (4) 清洁千分尺,并校零,未做扣2分; (5) 在距制动盘边缘15 mm处测量,测量位置不正确扣2分; (6) 测量并记录制动盘圆周上均布的4个点的厚度值,读数误差大于0.2 mm扣1分,未保留3位小数扣1分; (7) 制动盘厚度差计算错误扣2分

续表

序号	考核项目	配分	评分标准(每项累计扣分不超过配分)
7	检查制动盘端面圆跳动	10	(1) 用轮胎螺母按规定力矩将制动盘紧固在车轮轮毂上,未做扣3分; (2) 将百分表安装好,在距制动盘边缘15 mm处测量,百分表安装或测量位置不正确扣4分; (3) 百分表未给预压量和对零,扣1分; (4) 测量并记录制动盘端面圆跳动量。读数误差大于0.2 mm扣1分;未保留2位小数扣1分
8	检查摩擦块	6	(1) 目测检查摩擦块摩擦面是否开裂、破裂或损坏,未做扣2分; (2) 检查摩擦块上的消音垫片是否损坏或严重腐蚀,未做扣2分; (3) 用钢尺测量并记录摩擦块两个边缘的厚度,测量位置不正确或少测一个边缘扣1分
9	检查轮缸泄漏情况及防护罩	6	(1) 目测检查制动轮缸壳体是否开裂、严重磨损或损坏; (2) 目测检查制动轮缸活塞防尘密封罩是否开裂、破裂、有切口、老化等; (3) 目测检查制动轮缸活塞防尘密封罩周围和盘式制动片上是否有制动液泄漏。 上述项目每漏做一个或目测结果错误(与实际情况不符)扣2分
10	检查制动钳导销及防护罩	5	检查制动钳导销是否能自由移动,并检查导销护套的状况。在支架孔内,里外移动导销,但不能使滑动脱离护套,并查看是否有以下状况:卡滞;卡死;制动钳安装支架松动、弯曲或损坏;制动钳安装螺栓弯曲或损坏;防尘罩开裂、破损或防尘罩缺失。每漏做一项或目测结果错误(与实际情况不符)扣1分
11	安装制动钳及摩擦块	6	(1) 将少量高温润滑脂涂抹消音垫片处,未做的扣2分; (2) 将制动摩擦块弹簧、制动摩擦块及消音垫片安装到制动钳安装托架上,内、外侧摩擦块位置安装错误扣2分; (3) 未按规定力矩紧固制动钳螺栓的扣2分
12	安装车轮	8	(1) 安装车轮时,用手把持车轮辐条的扣1分; (2) 未按对角依次预紧轮胎螺母的扣1分; (3) 车辆落地后未用扭力扳手将轮胎螺母紧固到规定力矩的扣3分; 直接用气动扳手紧固轮胎螺母的扣3分
13	复位	5	发动机关闭,慢慢踩下制动踏板至其行程约2/3处,然后缓慢松开制动踏板。等待15秒钟,然后重复2~3次,直到制动踏板坚实。未做该项不得分
14	维修结论	5	根据考生工单评分
15	总分	100	

任务二 鼓式制动器蹄片的更换

【学习目标】

(1) 熟悉鼓式制动器的结构和工作原理。
(2) 掌握鼓式制动器蹄片的更换。

【学习重点】

(1) 鼓式制动器的结构和工作原理。
(2) 鼓式制动器蹄片的更换。

【学习难点】

鼓式制动器蹄片的更换。

【学习准备】

带鼓式制动器的轿车或实验台、带虎钳工作台、轮胎架、$\phi 8$ 螺栓、工具车(含常用工具及量具)、拆卸制动器 SST(根据实验车而定)、扭力扳手、气动扳手及套筒、制动鼓卡规、游标卡尺、直尺、手电筒、零件车、垃圾桶、毛刷、记号笔、维修手册、制动器专用清洁剂、抹布。

一、鼓式制动器的结构、工作原理、类型

1. 结构

简单的鼓式制动器由旋转部分、固定部分、促动装置和定位调整装置组成。如图 4-8 所示。

1) 旋转部分

旋转部分多为制动鼓。制动鼓通常为浇铸件,对于受力小的制动鼓也可用钢板冲压而成。

2) 固定部分

固定部分是制动底板和制动蹄。制动底板固装在车桥的凸缘盘上,通过支承销与制动蹄相连。制动蹄常用钢板冲压后焊接而成,或者由铸铁或轻合金浇铸而成,采用 T 形截面,以增大刚度,摩擦片用铆接的方式固定于制动蹄上。

3) 促动装置

促动装置的作用是对制动蹄施加力使其向外张开。常用的促动装置有制动凸轮和制动轮缸。

4) 定位调整装置

制动蹄在不工作时,其摩擦片与制动鼓之间应有合适的间隙,此间隙一般在 0.25~0.5 mm 之间。间隙过小易造成制动解除不彻底;但间隙过大又将使制动踏板行程过大,以致驾驶员操作不便,同时也会推迟制动器起作用的时刻。但是在制动过程中,摩擦片的不断

磨损必将导致此间隙逐渐增大。因此,各种形式的制动器均设有检查、调整此间隙的装置。定位调整装置的作用是保持和调整制动蹄和制动鼓之间正确的相对位置。

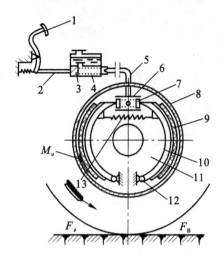

图 4-8 鼓式制动器的结构示意图

1—制动踏板;2—推杆;3—制动主缸活塞;4—制动主缸;5—油管;6—制动轮缸;7—制动轮缸活塞;
8—制动鼓;9—摩擦衬片;10—制动蹄;11—制动底板;12—支承销;13—制动蹄回位弹簧

2. 工作原理

汽车行驶中不需要制动时,制动踏板处于自由状态,制动主缸无制动液输出,制动蹄在复位弹簧的作用下压靠在轮缸活塞上,制动鼓的内圆柱面与摩擦片之间保留一定间隙,制动鼓可以随车轮一起旋转。

制动时,驾驶员踩下制动踏板,主缸推杆便推动制动主缸内的活塞前移,迫使制动液经管路进入制动轮缸,推动轮缸的活塞向外移动,使制动蹄克服复位弹簧的拉力绕支承销转动而张开,消除制动蹄与制动鼓之间的间隙后压紧在制动鼓上。此时,不旋转的制动蹄摩擦片对旋转的制动鼓就产生一个摩擦力矩,其方向与车轮的旋转方向相反。

放松制动踏板,在复位弹簧的作用下,制动蹄与制动鼓的间隙又得以恢复,从而解除制动。

3. 类型

按其制动蹄促动装置的形式,鼓式车轮制动器可分为轮缸式车轮制动器和凸轮式车轮制动器。

根据制动时两制动蹄对制动鼓的径向作用力之间的关系,鼓式车轮制动器可分为简单非平衡式、平衡式和自赠力式。

二、鼓式制动制动器蹄片的拆装

(1) 拆松车轮螺栓螺母,力矩 110 N·m,取下车轮。用板夹或螺丝刀拆下轮毂盖,如图 4-9 所示。

(2) 用尖嘴钳拆下开口销,取下保险罩,如图 4-10 所示。

(3) 用套筒拆下锁紧螺母,取出减磨垫圈,如图 4-11 所示。

图 4-9　拆卸轮毂盖

图 4-10　用尖嘴钳拆下开口销

图 4-11　用套筒拆下锁紧螺母

（4）取下制动鼓及其轴承，如图 4-12 所示。

（5）用鲤鱼钳取下弹簧座、弹簧、定位销，如图 4-13 所示。

（6）用撬棍撬开制动蹄；将制动蹄取下，并拆下驻车制动拉线，如图 4-14 所示。

图 4-12 取下制动鼓及其轴承

图 4-13 用鲤鱼钳取下弹簧座、弹簧、定位销

驻车制动拉线

图 4-14 用撬棍撬开制动蹄并拆下驻车制动拉线

(7)取下制动蹄复位弹簧(下拉力弹簧),同时取下楔形块上的制动间隙调节弹簧和驻车制动推杆的外弹簧和内弹簧,如图 4-15 所示。

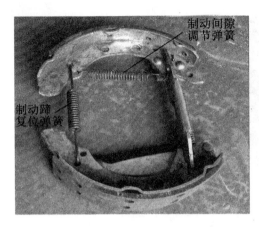 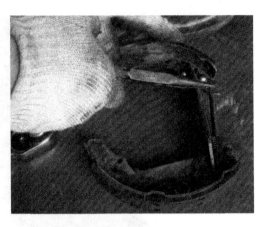

图 4-15 用尖嘴钳取下制动蹄复位弹簧和制动间隙调节弹簧

(8) 卸下制动蹄,并将各部件摆放整齐,如图 4-16 所示。

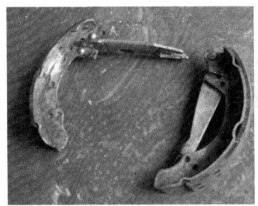 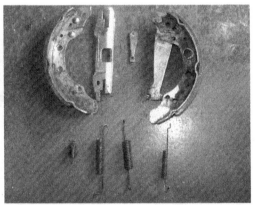

图 4-16 制动蹄片及各部件

(9) 更换新的制动蹄片后,按拆卸相反的顺序进行安装。

三、鼓式制动器的检修

1. 制动蹄摩擦衬层的检测

摩擦衬层的厚度不能小于 1.0 mm,不能有不均匀磨损现象,否则,应予以更换。如果不得不更换任何一个制动蹄片,则需要换左右两轮全部蹄片。

2. 制动鼓检测

制动鼓内表面即摩擦面如有划痕或磨损起槽,可用车床将其打磨,一次打磨深度为 0.50 mm。打磨后内径比标准内径的扩大不能超过 2 mm(有些标有 MAX,那就是极限尺寸)。

3. 检查制动蹄与制动鼓之间的贴合情况

(1) 在制动鼓摩擦面上均匀涂抹一层白粉,将制动蹄在制动鼓内贴合转 1 周。

(2) 检查制动蹄表面与制动鼓的接触面积(制动蹄表面的白色部分),应占整个摩擦面的 90% 以上。否则,应打磨制动蹄摩擦表面,用砂纸或锯片打磨白色部分,再进行贴合试验,重复进行,直至符合要求为止。

(3) 将制动蹄中间部分约 10 mm 宽的地方横向打磨,进行贴合试验,该位置应不白(即未与制动鼓接触),这样有利于在使用中提高制动蹄与制动鼓的接触面积。

4. 检查制动分泵活塞及缸筒

如有划痕或磨损严重,应予更换。另外,在装配时,应更换新的皮碗。

三、实训任务

1. 挑战任务:鼓式制动器蹄片的更换

要求:选用零件完整的鼓式制动器总成或者就车更换制动器蹄片,有对应的维修手册或指导书。主要考查考生对鼓式制动器的拆卸和安装流程是否能正确掌握,是否能正确使用专用工具,并能对分解的制动器主要零件进行检查和检测,并根据检测结果做出正确的维修结论。

时限:40 分钟。

2. 学生分组实训操作

(1) 全班 40 人、分 8 个实训小组。
(2) 每个小组用一套设备,组长组织组员轮流按要求开展实训。
(3) 要求每组都要按实训工单进行操作。

3. 操作工单和评分标准

操作工单和评分标准请见附件 1、附件 2。

附件1 "鼓式制动器蹄片的更换"操作工单

1. 作业前准备工作
(1) 安装座椅套。
(2) 安装地板垫。
(3) 安装方向盘套。
(4) 松开驻车制动器。
(5) 举升车辆。
(6) 拆卸后轮(单侧)。
2. 拆卸制动蹄
(1) 释放胎压。
(2) 拆卸制动鼓。
(3) 清洁。
(4) 检查制动鼓内径：　　　测量值：_____；规定值：_____。
(5) 拆卸驻车制动蹄上的张紧弹簧。
(6) 分离左侧定位支柱。
(7) 拆卸驻车制动拉线。
(8) 拆卸C形垫片和拉杆。
3. 检查
(1) 检查制动蹄衬片厚度：　　测量值：_____；规定值：_____。
(2) 检查制动鼓与制动蹄衬面是否正常接触。
4. 安装制动蹄
(1) 涂抹耐高温润滑脂。
(2) 安装驻车制动蹄拉杆附件。
(3) 安装驻车制动拉线。
(4) 安装制动蹄。
(5) 安装回位弹簧。
(6) 安装制动自动调整拉杆。
(7) 安装驻车制动蹄支柱。
(8) 检查制动鼓安装情况。
(9) 测量蹄鼓间隙：　　　测量值：_____；规定值：_____。
(10) 安装制动鼓。
5. 调整驻车制动
(1) 临时安装2个轮毂螺母。
(2) 调整间隙。
6. 最终检查
(1) 检查后轮拖滞。
(2) 检查驻车制动拉杆行程。
(3) 对制动鼓安装进行复查。
7. 车辆恢复
(1) 恢复/清洁。
(2) 拆卸方向盘套、地板垫和座椅套。

附件2 "鼓式制动器蹄片的更换"评分标准

序号	考核项目	检修内容	配分	扣分标准（每项累计扣分不超过配分）	
1	作业安全/5S	车辆防护,松开驻车制动器,举升车辆、拆卸单侧后轮胎	5	每少准备1件扣1分,扣完为止	
		准备好所需工量具及耗材	5	未进行准备直接扣完	
		工量具、场地清洁	5	每次扣1分,扣完为止	
2	工具使用	检测量具选用是否合理	5	未合理选用酌情扣分	
		检测量具使用是否规范	5	未合理使用酌情扣分	
3	手册使用	检修前翻至相关页面	5	检修前未进行维修手册查询每次扣2分,扣完为止	
4	制动鼓拆卸	拆卸制动鼓	6	维修手册翻到相应的页码	
				制动鼓、后轮毂轴的凸缘上做上装配标记	
				根据情况,使用维修螺钉或调整蹄鼓方法进行拆卸	
5	制动鼓清洁	清洁制动鼓	2	建议用制动清洁剂清洁、清洁到位	
6	制动鼓检查	检查制动鼓内径	3	根据维修手册、量具使用规范	测量方法正确
					测量数据正确
		维修判断	2	根据维修手册标准数据做出维修判断	
7	制动蹄片拆卸	使用SST分离驻车制动蹄上的张紧弹簧	2	SST使用方法正确	
		使用SST分离左侧定位支柱	2	SST使用方法正确	
		拆下驻车制动拉线	2		
		拆卸C形垫片和驻车制动蹄拉杆	2		
8	制动蹄片检查	检查制动蹄衬片厚度	4	正确使用量具	使用方法正确
					测量数据准确
		维修判断	2	根据维修手册进行判断	蹄片厚度标准 min 1.0 mm,标准4.0 mm
		检查制动蹄鼓与制动蹄衬面的结合程度	2		
		维修判断	2	维修判断正确	按照手册要求维修

续表

序号	考核项目	检修内容	配分	扣分标准（每项累计扣分不超过配分）	
9	安装	涂抹高温润滑脂	3	涂抹位置正确	制动背板与制动蹄结合处
				润滑脂适量	
		安装驻车制动蹄拉杆附件	2		
		安装驻车制动拉线	2		
		用SST安装制动蹄、销、蹄片定位弹簧	2	SST使用方法正确	
		用SST安装蹄片定位弹簧帽	2	SST使用方法正确	
		安装制动自动调整拉杆	2	调节到最短距离，清洁并涂抹黄油	
		接装驻车制动蹄支柱	2	小心不要损坏制动分泵防尘套	
10	调整制动蹄片间隙	检查制动鼓蹄片安装情况	2		
		测量蹄鼓之间的差值是否为正确的制动蹄间隙	3	正确使用量具	测量方法正确 测量数据准确，标准0.6 mm
		临时装两螺母	2		
		调整及安装孔塞	2		
		安装制动鼓	2	按照装配标记正确安装	
11	复查	检查制动拖滞	2		
		检查驻车制动拉杆行程	2	检查方法正确	
		对制动鼓安装进行复查	2	检查方法正确	
		整理	2		
12	工单填写	确认检测步骤完成情况及检修结果填写	5	按工单填写情况酌情扣分	
13	总分		100		

任务三　驻车制动器的调整

【学习目标】

(1) 熟悉驻车制动器的功能和类型。
(2) 掌握驻车制动器的调整方法。

【学习重点】

驻车制动器的调整方法。

【学习难点】

驻车制动器的调整方法。

【学习准备】

后轮盘鼓式制动轿车或实验台、带虎钳的工作台、轮胎架、工具车(含常用工具及量具)、扭力扳手、手电筒、抹布、毛刷、记号笔、维修手册。

一、驻车制动器的功能与类型

1. 功能

驻车制动器,通常是指机动车辆安装的手动刹车,简称手刹,如图4-17所示,在车辆停稳后用于稳定车辆,避免车辆在斜坡路面停车时由于溜车造成事故。常见的手刹一般置于驾驶员右手下垂位置,便于使用。目前市场上的部分自动挡车型均在驾驶员左脚外侧设计了功能与手刹相同的脚刹,个别先进车型亦加装了电子驻车制动系统。

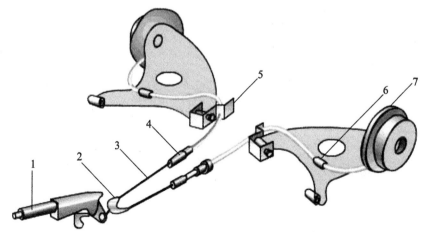

图 4-17　驻车制动器
1—操纵杆；2—平衡杠杆；3—拉绳；4—拉绳调整接头；5—拉绳支架；6—拉绳固定夹；7—制动器

驻车制动器的功能有以下三点。
（1）车辆停驶后防止滑溜。
（2）使车辆在坡道上能顺利起步。
（3）行车制动系统失效后临时使用或配合行车制动器进行紧急制动。

2. 类型

驻车制动器按其安装位置可分为中央制动式和车轮制动式两种。中央制动式通常安装在变速器的后面，其制动力矩作用在传动轴上；车轮制动式通常与车轮制动器共用一个制动器总成，只是传动机构是相互独立的。

驻车制动器按其结构形式可分为鼓式、盘式、带式和弹簧作用式。

二、实训任务

1. 挑战任务：驻车制动器的调整

要求：车辆放置于举升机工位上，或者在制动实验台架上，调整驻车制动器拉柄（驻车制动踏板）使自由行程不合格或调整盘鼓式车轮制动器使行程增大，两种故障现象任选一种，考官应向考生描述故障现象，要求考生对该车辆的驻车制动器进行调整，使其恢复正常性能。

时限：40分钟。

2. 学生分组实训操作

（1）全班40人、分8个实训小组。
（2）每个小组用一套设备，组长组织组员轮流按要求开展实训。
（3）要求每组都要按实训工单进行操作。

3. 操作工单和评分标准

操作工单和评分标准请见附件1、附件2。

附件 1 "驻车制动器的调整"操作工单

1. 作业前准备工作
(1) 安装座椅套。
(2) 安装地板垫。
(3) 安装方向盘套。
(4) 松开驻车制动器。
(5) 举升车辆。
(6) 拆卸后轮(单侧)。
2. 调整驻车制动
(1) 临时安装2个轮毂螺母。
(2) 调整间隙。
(3) 检查后轮拖滞。
(4) 检查驻车制动拉杆行程。
(5) 调整驻车制动拉杆行程。
3. 最终检查
(1) 检查后轮拖滞。
(2) 检查驻车制动拉杆行程：　　　　标准值：_____ ；测量值：_____
(3) 安装后轮：　　　　　　　　　　轮胎螺栓扭矩：_____ 。
4. 车辆恢复
(1) 恢复/清洁。
(2) 拆卸方向盘套、地板垫和座椅套。

附件2 "驻车制动器的调整"评分标准

序号	检修项目	检修内容	配分	扣分标准（每项累计扣分不超过配分）
1	作业安全/5S	车辆防护,松开驻车制动器,举升车辆,拆卸单侧后轮胎	5	每少准备1件扣1分,扣完为止
		准备好所需工量具及耗材	5	未进行准备直接扣完
		工量具、场地清洁	5	每次扣1分,扣完为止
2	工具使用	检测量具选用是否合理	5	未合理选用酌情扣分
		检测量具使用是否规范	5	未合理使用酌情扣分
3	手册使用	检修前翻至相关页面	5	检修前未进行维修手册查询扣每次扣2分,扣完为止
4	调整驻车制动	临时安装2个轮毂螺母	5	
		调整间隙	10	
		检查后轮拖滞	10	
		检查驻车制动拉杆行程	10	
		调整驻车制动拉杆行程	10	
5	复查	检查制动拖滞	5	
		检查驻车制动拉杆行程	5	检查方法正确
		对制动鼓安装进行复查	5	检查方法正确
		安装后轮	5	
6	工单填写	确认检测步骤完成情况及检修结果填写	5	按照工单填写情况酌情扣分
7	总分		100	

任务四　制动传动装置的结构与检修

【学习目标】

(1) 熟悉制动传动装置的功能与类型、基本组成、工作原理、布置形式。
(2) 掌握制动总泵的拆装与检查方法。
(3) 掌握刹车真空助力器检查及制动踏板检查与调整方法。

【学习重点】

(1) 制动传动装置的功能与类型、基本组成、工作原理、布置形式。
(2) 制动总泵的拆装与检查方法。
(3) 刹车真空助力器检查及制动踏板检查与调整方法。

【学习难点】

(1) 制动总泵的拆装与检查方法。
(2) 刹车真空助力器检查及制动踏板检查与调整方法。

【学习准备】

轿车或实验台、车外维修防护用具、车内三件套、带虎钳工作台、工具车(配备常用工具及量具)、管接头扳手、总泵间隙调节 SST、维修手册、制动液、手电筒、零件车、垃圾桶、抹布、记号笔、维修手册。

一、制动传动装置的功能与类型

1. 功能

制动传动装置的功能是将驾驶员或其他动力源的作用传到制动器,同时控制制动器的工作,从而获得所需要的制动力矩。

2. 类型

制动传动装置按传力介质的不同,可分为液压式、气压式和气-液综合式。

按制动管路的套数,可分为单管路和双管路制动传动装置。按照交通法规的要求,现代汽车的行车制动系统须采用双管路制动传动装置,因而单管路制动传动装置已被淘汰。

二、液压制动传动装置

液压制动传动装置是利用制动液将制动踏板力转换为制动液压力,通过管路传至车轮制动器,再将制动液压力转变为制动蹄张开的机械推力。

液力制动柔和灵敏,结构简单,使用方便,不消耗发动机功率。但操纵较费力,制动力不大,制动液流动性差,高温易产生气阻,如有空气侵入或漏油会降低制动效能甚至失效。

1. 基本组成

如图 4-18 所示,液压制动传动装置由制动踏板、主缸推杆、制动主缸、储液罐、制动轮缸、油管、制动灯开关、指示灯、比例阀等组成。

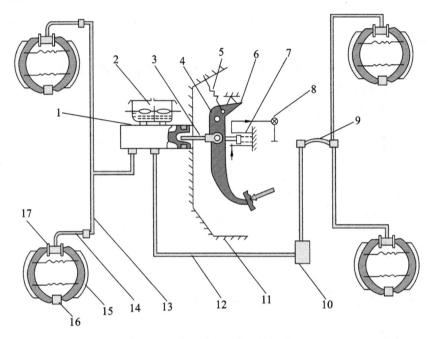

图 4-18 液压式制动传动装置组成

1—制动主缸;2—储油罐;3—推杆;4—支承销;5—回位弹簧;6—制动踏板;7—制动灯开关;8—指示灯;9、14—软管;10—比例阀;11—地板;12—后桥油管;13—前桥油管;15—制动片;16—支承座;17—轮缸

2. 工作原理

液压制动传动装置以帕斯卡定律为基础,并且在传力过程中对驾驶员的踏板力进行了放大,使传递到制动轮缸及制动蹄上的制动力大于踏板力。

如果以 10 kg 脚踏力踩制动踏板,踏板与支点力臂相当于主缸活塞与支点力臂的 3 倍,则作用到制动主缸活塞上的力为 30 kg。如果主缸活塞的截面积为 2 cm^2,而轮缸活塞的截面积为 4 cm^2,那么,推动车轮制动蹄的力可达 60 kg。

3. 布置形式

双管路液压制动传动装置是利用彼此独立的双腔制动主缸,通过两套独立管路,分别控制两桥或三桥的车轮制动器。其特点是若其中一套管路发生故障而失效时,另一套管路仍能继续起制动作用,从而提高了汽车制动的可靠性和行车的安全性。

双管路的布置方案在各型汽车上各有不同,常见的有前后独立式和交叉式两种形式。

1) 前后独立式

如图 4-19 所示,前后独立式双管路液压制动传动装置由双腔制动主缸通过两套独立的管路分别控制前桥和后桥的车轮制动器。这种布置形式结构简单,如果其中一套管路损坏漏油,另一套仍能起作用,但会破坏前后桥制动力分配的比例,主要用于发动机前置后轮驱动的汽车,如南京依维柯等。

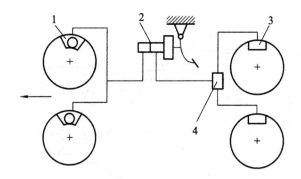

图 4-19 前后独立式的双管路液压制动传动装置
1—盘式制动器；2—双腔制动主缸；3—鼓式制动器；4—制动力调节器

2）交叉式（也称为对角线式）

如图 4-20 所示，交叉式双管路液压制动传动装置由双腔制动主缸通过两套独立的管路分别控制前后桥对角线方向的两个车轮制动器。这种布置方式在任一管路失效时，仍能保持一半的制动力，且前后桥制动力分配比例保持不变，有利于提高制动方向稳定性，主要用于发动机前置前轮驱动的汽车。

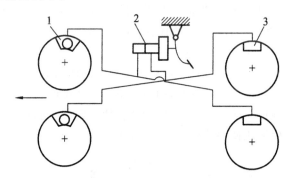

图 4-20 交叉式的双管路液压制动传动装置
1—盘式制动器；2—双腔制动主缸；3—鼓式制动器

4. 制动主缸

制动主缸又称为制动总泵，它处于制动踏板与管路之间，其功用是将制动踏板输入的机械力转换成液压力，如图 4-21 所示。

1）结构

如图 4-22 所示，串联式双腔制动主缸主要由储液罐、制动主缸外壳、前活塞、后活塞及前后活塞弹簧、推杆、皮碗等组成。

主缸内有两个活塞。第二活塞右端连接推杆；第一活塞位于缸筒中间把主缸内腔分成两个腔，两腔分别与前后两条液压管路相通，储液罐分别向各自管路供给制动液。每个腔室具有各种回位件、密封件、复合阀等。

图 4-21 制动总泵实物图

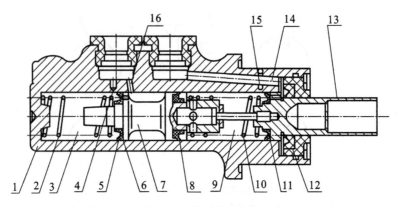

图 4-22 制动总泵结构

1—制动主缸；2—第二回位弹簧；3—第二工作腔；4—补偿孔；5、11—主皮碗；
6—阀片；7—第二活塞；8—第二副皮碗；9—第一工作腔；10—第一回位弹簧；
12—第一副皮碗；13—第一活塞；14—回油孔；15—补偿孔；16—回油孔

2）工作原理

如图 4-23 所示，制动时，后主缸中的推杆向前移动，使皮碗盖住储液罐补偿孔，此时后腔室液压升高，迫使油液向后轮制动器流动，推动后轮制动器工作。与此同时，在后腔液压和后活塞弹簧弹力作用下，推动前活塞向前移动，前腔压力也随之提高，迫使油液流向前轮制动器，推动前轮制动器工作。

放松制动踏板，主缸中活塞和推杆在前后活塞弹簧的作用下回到原始位置，制动解除。

注意：当前腔控制的回路发生故障时，前活塞不产生液压前轮制动失效。但在后活塞液力作用下，前活塞被推到最前端，后腔产生的液压仍使后轮产生制动。若后腔控制的回路发生故障时，前腔仍能产生液压使前轮产生制动，确保行车安全。

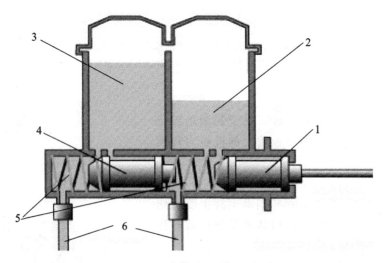

图 4-23 制动主缸工作原理示意图

1—第一活塞；2—第一储液室；3—第二储液室；4—第二活塞；5—弹簧；6—制动管路

5. 制动轮缸

制动轮缸的作用是把制动主缸传来的液压力转变成使制动蹄张开的机械推力。

1）结构

如图 4-24 所示,制动轮缸主要由缸体、活塞、皮碗、弹簧和放气螺钉组成。

制动轮缸的缸体通常用螺钉固定在制动底板上,位于两制动蹄之间,内安装铝合金活塞,密封皮碗的刃口方向朝内,并由弹簧压靠在活塞上与其同步运动。活塞外端压有顶块并与蹄的上端相抵紧。在缸体的另一端安装有防护罩,可防止尘土及泥土的侵入。缸体上方安装有放气螺栓,以便放出液压系统中的空气。

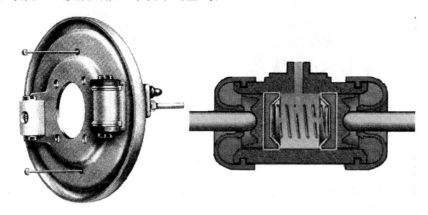

图 4-24　制动轮缸的结构示意图

2）工作情况

制动轮缸受到液压作用后,顶出活塞,使制动蹄扩张。松开制动踏板,液压力消失,靠制动蹄回位弹簧的力,使活塞回位。

6. 液压制动传动装置的放气

液压制动系统中渗入空气,制动时系统中的空气被压缩,造成踏板行程增加,踏板发软,影响制动效果。在维修过程中,由于拆检液压制动系统、接头松动或制动液不足等原因,造成空气进入管路,应及时将系统中的空气排出。

以桑塔纳轿车制动系统的排气为例。该车制动系统的排气应使用 VW/238/1 型制动系统加油-放气装置。

排气的方法和步骤如下。

(1) 接通 VW/238/1 型制动系统加油-放气装置。
(2) 按规定顺序拧开放气螺钉。
(3) 排出制动钳和制动分泵中的气体。
(4) 用专用排液瓶盛放排出的制动液。

若没有专用的加油-放气装置,可用以下通用方法进行排气,如图 4-25 所示。

(1) 加注清洁的制动液到合适的液面。
(2) 用举升机适当升起车辆。
(3) 将透明软管一端连接到右后轮排气螺塞上,另一端放入装有制动液的容器中。
(4) 一人踩下制动踏板,另一人旋开制动轮缸排气螺塞,使制动液流出。
(5) 反复踩下制动踏板,直到有新鲜的制动液流出。
(6) 按右后-左后-右前-左前车轮的顺序,重复操作。

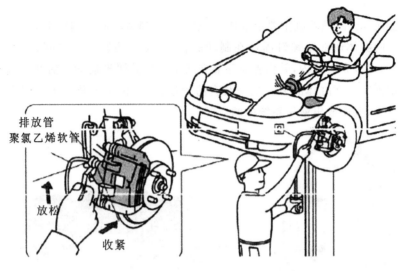

图 4-25 人工更换制动液

小提示:在操作过程中,要注意补充制动液,以确保制动液一直保持在适当的液位。

三、真空液压制动传动装置

汽车高速化后,要求制动液压升高(可达 10 MPa～20 MPa)方能产生与车速相适应的制动力矩,靠人力制动是难以实现的,特别是盘式制动系统,因制动器无助势作用,更必须加大制动液压。

下面主要介绍真空助力式液压制动传动装置。

1. 真空助力器作用

真空助力器:如图 4-26 所示,将制动踏板产生的输出力放大后产生制动主缸的输入力。

主要作用:真空助力器＋制动主缸(省力＋制动)。

总结为一句:将机械力转化为液压力。

图 4-26 真空助力器
1—制动主缸;2—刹车油壶;3—真空助力器

2. 真空助力器结构

真空助力器是一个直径较大的腔体,内部有一个中部装有推杆的膜片(或活塞),将腔体隔成两部分,一部分与大气相通,另一部分通过管道与发动机进气管相连,如图4-27所示。

它是利用发动机工作时吸入空气这一原理,造成助力器的一侧真空,相对于另一侧正常空气压力存在压力差,利用这个压力差来加强制动推力。

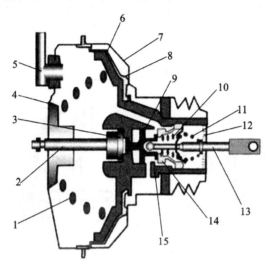

图4-27 真空助力器结构图
1—膜片回位弹簧;2—制动主缸推杆;3—橡胶反作用盘;4—左外壳;5—真空单向阀;
6—气室膜片隔板;7—右外壳;8—气室膜片;9—空气阀;10—阀门弹簧;
11—助力器推杆回位弹簧;12—空气滤清器;13—助力器推杆;14—真空阀;15—真空阀座

3. 真空助力器工作过程

如图4-28所示,当真空助力器处于自然状态时,在阀门弹簧和助力器推杆回位弹簧的共同作用下,真空阀A处于开启状态,而空气阀B处于关闭状态,所以,真空助力器的前后腔是连通的,同时它们又是与大气隔绝的。

真空阀门A:真空阀圈底面与活塞外壳之间的间隙,它主要起连通前后腔气室的作用。

空气阀门B:真空阀圈底面与空气阀阀座之间的间隙,它主要作用是使后腔气室与大气相连通。

若发动机正在工作时,由真空泵或者发动机进气管产生的负压会将真空助力器的真空单向阀吸开,此时前后腔气室都处于真空状态。

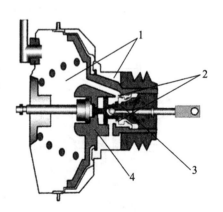

图4-28 真空助力器自然状态
1—内外腔气室相通;2—真空阀门A开启;
3—空气阀门B关闭;4—活塞外壳

如图4-29所示,当真空助力器处于中间工作状态时,来自制动踏板的力推动助力器推杆向前运动,空气阀也随之运动,使真空阀门A关闭,将前后腔气室隔离,接着空气阀门B开启,大气进入后腔气室,由此产生的前后腔气压差推动气室膜片、气室膜板带着活塞外壳向前运动;此时,装配在制动主缸推杆组件里的橡胶反作用盘同时受到空气阀和活塞外壳的推力作用,再通过制动主缸推杆组件施加在主缸第一活塞上,制动主缸内产生的油压一方面传递给制动轮缸,另一方面又作为反作用力经由助力器推杆传递回制动踏板,使司机产生踏板感。

如图4-30所示,如果制动踏板力保持不变,在经由橡胶反作用盘传递的制动主缸向后的反作用力和气室膜片+气室膜片隔板+活塞外壳+空气阀+助力器推杆回位弹簧+真空阀向前运动趋势的共同作用下,空气阀门B封闭,达到平衡状态。此时,任何踏板力的增长都将破坏这种平衡,使空气阀门B重新开启,大气的进入将进一步导致后腔气室原有真空度的降低,加大前后腔气室的气压差。

真空助力器的工作过程是一个动平衡的过程。

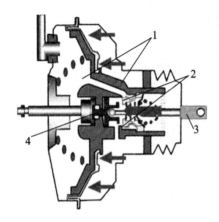

图4-29 真空助力器中间工作状态
1—内外腔气室隔开;2—真空阀门A关闭;
3—外界空气;4—空气阀门B开启

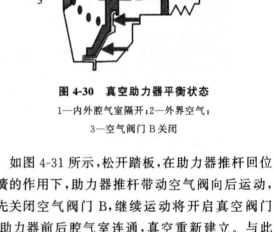

图4-30 真空助力器平衡状态
1—内外腔气室隔开;2—外界空气;
3—空气阀门B关闭

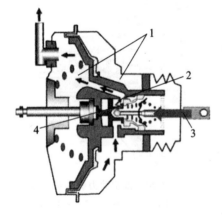

图4-31 真空助力器松开制动状态
1—内外腔气室相通;2—真空阀门A开启;
3—外界空气;4—空气阀门B关闭

如图4-31所示,松开踏板,在助力器推杆回位弹簧的作用下,助力器推杆带动空气阀向后运动,首先关闭空气阀门B,继续运动将开启真空阀门A,助力器前后腔气室连通,真空重新建立。与此同时,在膜片回位弹簧的作用下,气室膜片+气室膜片隔板+活塞外壳组件回到初始位置,真空助力器处于自然状态。

4. 真空助力器的检查

1)检查制动踏板高度

如图4-32所示,在松开踏板的情况下量取踏板到地板的高度。

2)检查制动踏板自由行程

如图4-33所示,首先踩下制动踏板数次,以消除助力器的真空助力效果,然后轻轻而缓慢地将制动踏板压下,直到感到有阻力时为止,测量此过程中踏板所经过的行程,即为制动踏板自由行程。

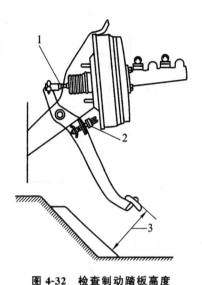
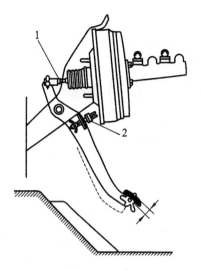

图 4-32 检查制动踏板高度　　　　　图 4-33 检查制动踏板自由行程
1—踏板推杆；2—停车灯开关；3—踏板高度　　1—踏板推杆；2—停车灯开关

3）检查制动踏板行程余量

如图 4-34 所示，在发动机运转的情况下放开驻车制动拉杆，用大约 490N 的力，踩下踏板并测量从踏板到地板的距离。

4）真空助力器工作检查

真空助力器的工作检查如图 4-35 所示。

5）真空助力器气密性检查

真空助力器的气密性检查如图 4-36 所示。

6）真空助力器真空检查

真空助力器的真空检查如图 4-37 所示。

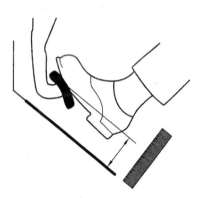

图 4-34 检查制动踏板行程余量

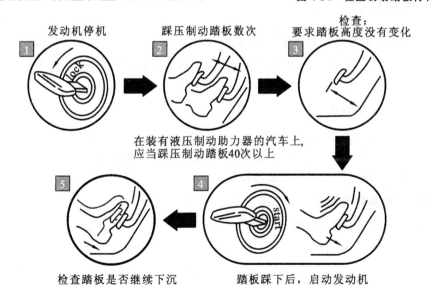

图 4-35 真空助力器的工作检查

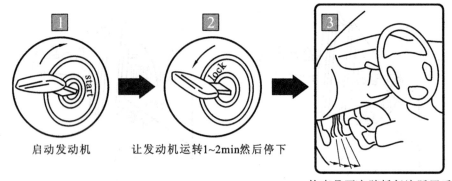

图 4-36 真空助力器的气密性检查

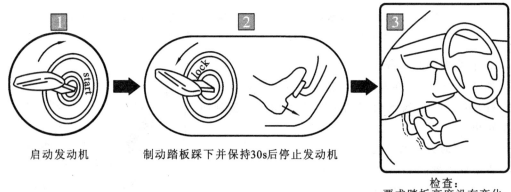

图 4-37 真空助力器的真空检查

四、实训任务 1

1. 挑战任务：制动总泵的拆装与检查

要求：能正确口述就车拆卸和安装制动总泵的基本步骤，并对已经从车上拆卸下来的制动总泵进行正确拆装与检查，并能根据检测结果做出正确的维修结论。

2. 学生分组实训操作

（1）全班 60 人分 8 个实训小组。

（2）每个小组用一套设备，组长组织组员轮流按要求开展实训。

（3）要求每组都要按实训步骤进行操作。

3. 操作工单和评分标准

操作工单和评分标准请见附件 1 和附件 2。

附件1 "制动总泵的拆装与检查"操作工单

一、作业安全/5S

作业前应根据项目要求,做好各项准备工作。

二、制动总泵拆卸

作业要求:会使用维修手册,能用正确的方法拆卸制动总泵。

1. 拆下制动总泵

口述从车上拆下制动总泵的方法。

2. 分解制动总泵

(1) 拆下储液罐。

(2) 固定总泵。

(3) 拆下止动螺栓和卡环。

(4) 拆卸活塞。

(5) 清洁。

(6) 检查制动总泵。

三、制动总泵装配与检查

作业要求:会使用维修手册,能用正确的方法装配制动总泵,并正确、规范地检查和测量指定的项目。

1. 组装制动总泵

(1) 固定制动总泵。

(2) 安装活塞。

(3) 安装止动螺栓和卡环。

2. 检查及调整

(1) 检查及调整制动助力器推杆和活塞的距离。

(2) 制动总泵排空气。

四、安装制动总泵

口述制动总泵安装到车辆上的方法。

附件2 "制动总泵拆装与检查"评分标准

序号	考核项目	配分	评分标准（每项累计扣分不超过配分）
1	安全文明一票否决		造成人身、设备重大事故，或恶意顶撞考官、严重扰乱考场秩序，立即终止考试，此题计0分
2	安全文明生产	20	（1）不穿工作服扣1分、不穿工作鞋扣1分、不戴工作帽扣1分； （2）油、水洒落在地面或零部件表面未及时清理，每次扣1分； （3）垃圾未分类回收，每次扣1分； （4）竣工后未清理工量具，每件扣1分； （5）竣工后未清理考核场地，扣2分； （6）不服从考官、出言不逊，每次扣3分
3	口述拆下制动总泵	8	（1）未说明需排空制动液的扣2分； （2）未说明制动液排出时需防护（管路下部垫棉布）的扣2分； （3）未说明需用SST松开制动管路的扣2分； （4）口述表达不清晰扣2分
4	分解总泵并检查	26	（1）拆下储液罐：漏做扣1分； （2）固定制动总泵：未在台钳上使用铝板夹持制动总泵的扣2分； （3）夹紧位置不正确的扣2分； （4）拆卸止动螺栓和卡环时未使用布盖住出口以防制动液泄漏的扣2分； （5）对泄漏出的制动液未及时清理的扣2分； （6）取出活塞时用手掌或包裹着数层布的木块抵着总泵；小心敲击总泵；当2号活塞端头凸出时，将活塞直接拉出。每做错一步扣2分； （7）活塞拉出时注意不可倾斜，防止刮伤内壁，否则扣5分； （8）未用清洁的制动液冲洗总泵扣2分； （9）使用工作灯检查制动泵内部，方法不正确扣1分； （10）用手直接触接泵体，检验是否有损伤或腐蚀，漏做扣2分； （11）检查活塞皮碗是否损伤：漏做扣2分
5	组装制动总泵	18	（1）安装制动皮碗，未涂抹薄薄一层橡胶润滑脂的扣2分； （2）涂抹部位不正确的扣2分； （3）固定总泵在台钳上时未使用铝板夹持制动总泵的扣1分； （4）夹紧位置不正确的扣1分； （5）将活塞推入时注意不可倾斜，防止刮伤内壁，否则扣4分； （6）安装新止动螺栓及卡环时未检查新止动螺栓的扣2分； （7）未检查新卡环的扣2分； （8）推入活塞到位后才能安装，否则扣2分； （9）检查并确认卡环位置安装到位。没做检查扣2分

续表

序号	考核项目	配分	评分标准（每项累计扣分不超过配分）
6	检查及调整	14	（1）检查并调节制动助力器推杆和总泵活塞之间的距离； （2）不能从维修手册上查到规定值的扣3分； （3）SST使用方法不正确，扣3分； （4）调整方法不正确扣8分
7	制动总泵排空	4	（1）排空方法不正确扣2分； （2）防护方法不得当扣2分
8	口述安装制动总泵方法	10	（1）在总泵安装位置下垫布(2分)； （2）助力器侧安装一个新的O形圈然后安装总泵(2分)； （3）用开口扳手旋紧螺母，用SST拧到规定扭矩(3分)； （4）防护注意事项：安装时不能有大量制动液流出(1分)； （5）口述表达清晰(2分)
9	总分	100	

五、实训任务2

1. 挑战任务:刹车真空助力器检查及制动踏板检查与调整

要求:对刹车真空助力器的工作状况、气密性、真空性进行检查,测量制动踏板的高度、自由行程、行程余量,并能根据检测结果做出正确的调整。

2. 学生分组实训操作

(1)全班60人分8个实训小组。

(2)每个小组用一套设备,组长组织组员轮流按要求开展实训。

(3)要求每组都要按实训步骤进行操作。

3. 操作工单和评分标准

操作工单和评分标准请见附件3和附件4。

附件3 "刹车真空助力器检查及制动踏板检查与调整"操作工单

1. 检查准备工作
(1) 安装座椅套。
(2) 安装地板垫。
(3) 安装方向盘套。
(4) 拉起发动机盖释放杆。
(5) 打开发动机盖。
(6) 安装翼子板布。
(7) 安装前格栅布。
(8) 安装车轮挡块(可以用举升机顶起部分车辆重量)。
(9) 检查机油液位、冷却液液位、制动液液位、喷洗液液位。
2. 制动踏板的检查及调整、真空助力器的检查
(1) 检查制动踏板响应灵敏性、松动、异常噪音。
(2) 用直尺测量制动踏板高度： 标准值：_____ ；测量值：_____ 。
(3) 用直尺测量制动踏板自由行程： 标准值：_____ ；测量值：_____ 。
(4) 用直尺测量制动踏板行程余量： 标准值：_____ ；测量值：_____ 。
(5) 调整制动踏板。
(6) 检查真空助力器的工作状况、气密性、真空性。 正常/不正常
3. 车辆恢复
(1) 恢复/清洁。
(2) 拆卸翼子板布和前盖。
(3) 拆卸方向盘套、地板垫和座椅套。

附件4 "刹车真空助力器检查及制动踏板检查与调整"评分标准

序号	检修项目	检修内容	配分	扣分标准
1	作业安全/5S	铺设座椅护套、翼子板布等	10	每少铺设1件扣1分,扣完为止
		准备好所需仪器设备	5	未进行准备直接扣完
		工量具、场地清洁	5	每次扣1分,扣完为止
2	工具使用	检测仪器选用合理	5	未合理选用酌情扣分
		检测仪器使用规范	5	未合理使用酌情扣分
3	发动机起动准备	检查机油液位、冷却液液位、制动液液位、喷洗液液位	5	每项1分,扣完为止
4	制动踏板的检查及调整、真空助力器的检查	检查制动踏板响应灵敏性、松动、异常噪音	5	每项1分,扣完为止
		用直尺测量制动踏板高度	5	测量方法错误扣完
		用直尺测量制动踏板自由行程	5	测量方法错误扣完
		用直尺测量制动踏板行程余量	5	测量方法错误扣完
		调整制动踏板	5	调整部位不正确扣完
		检查真空助力器的工作状况、气密性、真空性	30	每项10分,扣完为止
5	工单填写	确认检测步骤完成情况及检修结果填写	10	按照工单填写情况酌情扣分
6	总分		100	

参 考 文 献

[1] 马才付.汽车检测与维修技术(高职院校学生专业技能考核标准与题库)[M].长沙:湖南大学出版社,2017.
[2] 张月昇.汽车底盘构造与维修[M].武汉:华中科技大学出版社,2016.
[3] 娄洁.汽车构造与拆装[M].北京:高等教育出版社,2015.
[4] 沈锦.汽车底盘技术与检修[M].北京:机械工业出版社,2010.
[5] 贺大松.汽车底盘构造与维修[M].北京:机械工业出版社,2009.
[6] 张浩.汽车底盘构造与维修[M].北京:中国劳动社会保障出版社,2009.
[7] 李晓.汽车底盘构造与维修[M].北京:高等教育出版社,2005.
[8] 赵学敏.汽车底盘构造与维修[M].北京:国防工业出版社,2003.